# うっかりペネロペ
## Pénélope tête en l'air

楽しく♥かんたん

# フランス語会話

すぐに使えるひとことフレーズ120

# はじめに

　『うっかりペネロペ　楽しく♡かんたん　フランス語会話　すぐに使えるひとことフレーズ120』を手に取ってくださった皆さん、ありがとうございます。ペネロペといっしょに、楽しくフランス語を学んでいきましょう！

　ペネロペは、フランスに住む、ちょっぴりうっかりやさんなコアラの女の子。アン・グットマンさんとゲオルグ・ハレンスレーベンさんの夫妻が生み出した絵本シリーズの主人公です。「うっかりペネロペ」のタイトルのアニメを通して、幼い頃からペネロペに親しんできたという人も多いのではないでしょうか。この本は、アニメのシーンを見ながら楽しく学べる、フランス語の会話フレーズ集です。カタカナで読みがなをふってあるので、「フランス語ははじめて」という方も、安心して読み進めてください（読みがなの [r] や半角スペースについては p.156 をご覧ください）。

　この本の特徴として、ペネロペにあわせて一部の見出し語を女性形にしています。とはいえ、ペネロペの言葉そのままをフレーズ集にすると、子どもの語彙の、限られた内容になってしまいます。そのため、紹介するフランス語は、なるべく平易でありつつ一般的なフレーズをバランスよく選んでいます。また、選んだフレーズは、

本を読み進めていくうちに、フランス語の基礎が自然に身につくようにと考えて並べています。ですので、1回目にはパラパラとめくりながら気になるフレーズを拾ったあと、2回目はぜひ、最初から通して読んでみてください。1回目に読んだときにはあまりわからなかった説明も、よくわかるようになっていると思います。さらに、それぞれのページに関連するページを示していますので、3回目は関連するページを行き来しながら読んでみましょう。フランス語の知識が網の目のように結びつき、一つ一つのフレーズを「丸暗記」ではなく、より理解して覚えることができるはずです。

　そこまで言われると難しそう、と思うかもしれませんが、かわいいペネロペたちの絵を見ながらなら、きっと状況がわかりやすく、スイスイとフレーズが身につくはずです。さあ、いっしょにフランス語の会話を楽しみましょう！

伊藤 敬佑

# Pénélope
## キャラクターの紹介

**Pénélope**
ペネロペ

**Doudou**
ドゥドゥ

ペネロペの
ぬいぐるみ

　　ペネロペは青いコアラの女の子、いつも元気でお友達とも
仲良しです。うっかりやさんのペネロペは失敗もたくさんす
るけれど、とっても前向き。ママやパパ、おじいちゃん、お
ばあちゃんたちに囲まれて、楽しい毎日を送っています。

**Papa**
パパ

**Maman**
ママ

Famille
家族

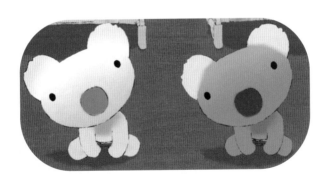

**Eustache**
ウスターシュ
（愛称Tata タータ）

ペネロペの双子の弟

**Philomène**
フィロメーヌ
（愛称Phiphi フィーフィ）

ペネロペの双子の妹

**Mamie**
おばあちゃん

ママのママ

**Papi**
おじいちゃん

ママのパパ

## Papi et Mamie
おじいちゃんとおばあちゃん

**Mamie**
おばあちゃん

パパのママ

**Papi**
おじいちゃん

パパのパパ

## cousins いとこたち

**Milo**
ミロ

男の子

**Madeleine**
マドレーヌ

女の子

# amis à la maternelle
## 幼稚園のお友だち

**Lili-Rose**
リリーローズ

**Aladin**
アラジン

**Césarine**
セザリーヌ

**Stromboli**
ストロンボリ

**Maîtresse**
先生

# もくじ

# この本の使い方

**フレーズ**

テーマとなるフランス
語のフレーズです。

3
track 3

## Moi, c'est Pénélope !
［ モ ワ セ ベ ネ ロ ッ プ ］

### わたし、ベネロペ！

**フレーズの解説**

フランス語フレーズに
ついて詳しく説明して
います。

ベネロペは、ちょっぴりうっかり屋さんの、コアラの女の子。フランス語だ
と「ペネロップ」と発音します。自分の名前を言う時には、Moi, c'est ...を
使いましょう。Moiは「私」、c'est ...は人や物を紹介する表現です。

ミニ会話

**Moi, c'est Pénélope. Et toi ?**
わたし、ベネロペ、きみは？

**Moi, c'est Lili-Rose.**
わたし、リリーローズよ。

Et toi ?（エ トワ）（et語として、toi聞きみ）は「それで、きみは？」という意味で、
自分のことを言った後に言うと、相手についても聞くことができます。疑問形なので、
イントネーションを上げて発音しましょう。

16

**ミニ会話**

フレーズを使った会話
文の例です。

## 音声ファイルのダウンロードの手順

STEP
1

方法は次の3通り！

● 右のQRコードを読み取ってアクセス。

● Jリサーチ出版のホームページ（https://www.jresearch.co.jp/）に
アクセスして、「キーワード」に書籍名を入れて検索。

● https://www.jresearch.co.jp/book/b619210.html
を入力してアクセス。

音声ダウンロードについてのお問い合わせ先：toiawase@jresearch.co.jp（受付時間：平日9時〜18時）

## ★説明＆フランス語メモの略式記号

動 動詞　　男 男性名詞　　女 女性名詞　　代 代名詞　　形 形容詞　　副 副詞　　接 接続詞

# Enchantée !

[アン シャン テ]

## はじめまして！

「はじめまして！」「会えてうれしいです！」　そう言いたい時はenchanté(e)を使います。女の子のペネロペはenchantéeと書き、男の子の場合はenchantéと書きますが、発音はまったく一緒です。

Moi, c'est Pénélope. Enchantée !
わたし、ペネロペ。はじめまして！

ミニ会話

Moi, c'est Ulysse. Enchanté !
ぼくはユリス。はじめまして！

フランス語メモ

フランス語の単語は男女で形が変わることがあり、基本的には男性形にeをつけて女性形を作ります。ここではつづりは違っても発音は同じですが、男女で発音が違うこともあります。

17

---

### トラック番号

4
track 4

音声のトラック番号です。音声はフレーズ、会話文とも、日本語→フランス語の順になっています。

### 発音のしかた

発音をカタカナで示しました。ただし、語末のrの発音はそのままrとしてあります。
（詳しくはp.156）
※カタカナ表記は参考程度にしてください。実際の音を完全に表すものではありません。

### フランス語メモ

会話文に出てきた単語や文法などを確認できます。

---

STEP 2　ページ内にある「音声ダウンロード」ボタンをクリック！

音声 ダウンロード付　無料音声はこちら

STEP 3　ユーザー名「1001」、パスワード「25885」を入力！

STEP 4　学習スタイルに合わせた方法で音声をお聴きください！　音声の利用方法は2通り！
　「音声ファイル一括ダウンロード」より、ファイルをダウンロードして聴く。
　「▶」ボタンを押して、その場で再生して聴く。

11

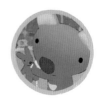

chronique 1

# ドゥドゥと
# フランスの子どもたち

　ペネロペといつも一緒にいるドゥドゥ。ペネロペが大好きなぬいぐるみです。実は、このドゥドゥは、ペネロペだけではなく、フランスの小さい子どもたちにとっても大切な存在です。ドゥドゥを通じて、フランスの子どもたちの様子を探ってみましょう。

　そもそも、他の子どもたちにとってのドゥドゥってどういうこと？　ペネロペのぬいぐるみの名前じゃないの？と思うかもしれません。実はフランスでは、生後半年くらいから3、4歳くらいまでの幼い子どもが大事に肌身離さず持っているぬいぐるみや柔らかい布などのことを、一般的にドゥドゥと言うんです。特別な名前をつける子もいるのですが、ペネロペはそのまま名前のようにドゥドゥと呼んでいるということですね。

　ドゥドゥがいると、親から離れた子どもも安心。フランスでは生後半年くらいには、子どもは親とは別の部屋で寝始めます。ペネロペもp.30で自分の部屋のベッドで寝ていますね。そんなちっちゃいうちからひとりで寝るなんてすごいな、と思うかもしれませんが、ドゥドゥがいるから大丈夫。お出かけや旅行の時も肌身離さず持っていて、3歳までに行く保育園や、3歳から6歳まで通う幼稚園（フランスでは2019年に義務教育は3歳からになりました！）にドゥドゥを持っていくことも、むしろ推奨されています。ドゥドゥは、フランスの子どもたちの強い味方なんです。でも、だからこそ、p.93のようになくしてしまったら、本当に一大事！　同じ種類のぬいぐるみならいいというわけではないんですね。ちなみに今の一番人気は、ペネロペのドゥドゥのようにウサギだそうですよ。

# いつも元気にあいさつ

# 第1章

あいさつ表現とよく使う決まり文句を覚えよう。
特にあいさつは、しっかり声に出して練習！

# Bonjour !
［ボン ジューr］

## おはよう！ / こんにちは！

フランス語の一番基本のあいさつです。家族や友達に言うのはもちろん、乗ったバスの運転手さんや入ったお店やカフェの店員さんにも、自分から目を見てBonjour !と言いましょう。

ミニ会話

**Bonjour, Aladin.**
こんにちは、アラジン。

**Bonjour, Pénélope.**
こんにちは、ペネロペ。

フランス語メモ

あいさつの後に名前をつけると、より自然な感じがします。相手の名前が分からなければ、男性ならmonsieur［ムシュ］、女性ならばmadame［マダム］をつけましょう。

14

# Bonsoir !

[ ボン ソワー r ]

## こんばんは！

フランス語では日が出ている時間帯はbonjourを、日が沈む夕方や夜は
bonsoirを使います。日本語で時間帯によって「おはよう」「こんにちは」「こ
んばんは」の3種類を使い分けるのとは違いますね。

ミニ会話

**Bonsoir, monsieur.**
こんばんは、店員さん。

**Bonsoir. Vous cherchez quelque chose ?**
こんばんは。何かお探しですか？

フランス語メモ

bonsoirはbonjourと違い、「さようなら」「おやすみ」のような夜のお別れのあい
さつとして使うこともできます。Vous cherchez quelque chose ?［ヴ シエル シエ
ケルク ショーズ］はお店の人がよく使う表現です。

15

# Moi, c'est Pénélope !

[ モ ワ セ ペ ネ ロ ッ プ ]

## わたし、ペネロペ！

ペネロペは、ちょっぴりうっかりやさんの、コアラの女の子。フランス語だと「ペネロップ」と発音します。自分の名前を言う時には、Moi, c'est ...を使いましょう。Moiは「私」、c'est ...は人や物を紹介する表現です。

ミニ会話

**Moi, c'est Pénélope. Et toi ?**
わたし、ペネロペ。きみは？

**Moi, c'est Lili-Rose.**
わたし、リリーローズよ。

フランス語メモ

Et toi ? [エトワ]（et 援 そして、toi 代 きみ）は「それで、きみは？」という意味で、自分のことを言った後に言うと、相手についても聞くことができます。疑問形なので、イントネーションを上げて発音しましょう。

# Enchantée !

[ アン シャン テ ]

## はじめまして！

「はじめまして！」「会えてうれしいです！」 そう言いたい時はenchanté(e)
を使います。女の子のペネロペはenchantéeと書き、男の子の場合は
enchantéと書きますが、発音はまったく一緒です。

**Moi, c'est Pénélope. Enchantée !**
わたし、ペネロペ。はじめまして！

ミニ会話

**Moi, c'est Ulysse. Enchanté !**
ぼくはユリス。はじめまして！

フランス語メモ

フランス語の単語は男女で形が変わることがあり、基本的には男性形にeをつけて女
性形を作ります。ここではつづりは違っても発音は同じですが、男女で発音が違うこ
ともあります。

# Salut !

［サ リュ］

## やあ！

ペネロペはお友達にごあいさつ。特に子どもや若者は、親しい相手との軽いあいさつや呼びかけにSalut！をよく使います。bonjour / bonsoirと違い、どの時間帯でも使えます。

ミニ会話

**Salut, Aladin.**
やあ、アラジン。

**Salut, Pénélope. Ça va ?**
やあ、ペネロペ。元気？

フランス語メモ

salutもbonsoirと同じく、「じゃあね」のように、親しい相手との軽い別れのあいさつとして使うこともできます。Ça va ? (p.22)

# Coucou !

［ク クー］

## おーい！

ペネロペのお友達が手を振っていますね。特に親しい間柄で、少し遠くにいる人や、こちらを見ていない人に気づいてもらうためには、coucouと呼びかけます。

ミニ会話

**Coucou, Pénélope !**
おーい、ペネロペ！

**Salut, tout le monde !**
やあ、みんな！

フランス語メモ

tout le monde ［トゥル モンド］ は、「みんな」という意味です。他にも複数人に向けてあいさつをする時は、「友達たち」の意味のmes amis ［メザミ］ やles copains ［レコパン］ をつけることもできます。

# 7

track 7

# Oui.

[ ウィ ]

## はい。/ うん。

質問に対して、そうだったらまず oui と答えましょう。その後、文を続けたり、「そうです」という C'est ça. [セ サ] を後ろに足したりすることもよくあります。

ミニ会話

> **Toi, c'est Pénélope ?**
> きみはペネロペかい？

> **Oui, c'est ça.**
> うん、そうだよ。

フランス語メモ

関連する表現に、くだけた言い方の ouais [ウエ] や、強い肯定を表す Mais oui ! [メ ウィ]、「当たり前」と答える Oui, bien sûr. [ウィ ビヤン シューｒ] などがあります。

20

# Non.

［ ノ ン ］

## いいえ。

双子ちゃんとかくれんぼ。「ミロみーっけ！」って言ったら、マドレーヌでした。違っていたら、nonと言いましょう。フランス語では日本語に比べ、否定する時にははっきりと否定をします。

ミニ会話

> **Toi, c'est Milo ?**
> きみはミロかな？

> **Non, moi, c'est Madeleine !**
> ううん、マドレーヌだよ！

フランス語メモ

強い否定を表す表現に、Oh non !［オ ノン］、Mais non !［メ ノン］、Non, pas du tout !［ノン パ デュ トゥ］などがあります。「残念ながら違います」と言う時は、Malheureusement non.［マルルーズマン ノン］などを使います。

# Ça va ? / Ça va.

[ サ ヴァ ] / [ サ ヴァ ]

## 元気？ / 元気だよ。

ペネロペのお花屋さんにリリーローズが遊びに来ました。まずお互いに相手の調子を聞くところから会話が始まります。「元気？」と聞く時は語尾を上げ、「元気だよ」と答える時は語尾を落としてÇa va.↘と言いましょう。

ミニ会話

**Salut, Pénélope. Ça va ?**
やあ、ペネロペ。元気？

**Ça va, merci. Et toi ? Tu vas bien ?**
元気だよ、ありがとう。そっちは？元気？

フランス語メモ

他の答え方には、Très bien ! [トレ ビヤン]（とっても元気！）、Bien. [ビヤン]（調子いいよ）、Pas mal. [パ マル]（まあまあ）、Pas très bien. [パ トレ ビヤン]（元気じゃないんだ）などがあります。Tu vas bien ? (p.104)

# Merci.

［ メ ル シ ］

## ありがとう。

りんごをもらったペネロペはお礼を言います。感謝の気持ちが大きいとMerci beaucoup.［メルシ ボク］（beaucoup 副とても）を使います。お礼は気軽に。Ça va ?と聞かれた時も、返事にMerci.と付け加えましょう。

ミニ会話

**Merci, Lili-Rose.**
ありがとう、リリーローズ。

**De rien, Pénélope.**
どういたしまして。

フランス語メモ

お礼を言われたら、De rien.［ドゥリヤン］や、Ce n'est rien.［スネリヤン］と返しましょう。rienは「何もない」という意味で、どちらも「そんなにたいしたことはしていませんよ」と謙遜する表現です。

23

# Bienvenue !

［ビャン ヴニュ］

## ようこそ!

bienvenueは、「歓迎」「よく来たね」という意味です。フランスの空港に着くと、Bienvenue en France.「フランスにようこそ」やBienvenue à Paris.「パリにようこそ」といった歓迎の言葉を目にします。

ミニ会話

**Bienvenue au musée, maman !**
美術館にようこそ、ママ!

**Le musée ? Qu'est-ce qu'il y a ?**
美術館? 何があるのかしら?

フランス語メモ

日本に来た人には、Bienvenue au Japon ! ［ビャン ヴニュ オ ジャ ポン］と言います。また、家に人を招いた時は、bienvenueよりもむしろbonjourなどを使います。musée ［ミュゼ］は美術館のことです。Qu'est-ce qu'il y a ? (p.88)

24

# Ça fait longtemps !
［サ フェ ロン タン］

## ひさしぶり！

ペネロペのおうちに、いとこの双子ちゃんが遊びにきました。ça faitの後に会わなかった期間を言うと「〜ぶり」という意味になり、longtempsは「長い間」なので「ひさしぶり」になります。

ミニ会話

**Bonjour ! Ça fait longtemps !**
こんにちは！ ひさしぶり！

**Oui, ça fait deux semaines. Ça va ?**
うん、2週間ぶりだね。元気だった？

フランス語メモ

2週間ぶりならばÇa fait deux semaines. ［サフェドゥスメーヌ］（semaine 名週）、1か月ぶりならばÇa fait un mois. ［サ フェ アン モワ］（mois 名月）など、数字（pp.112-113）と期間を表す単語を組み合わせて、「〜ぶり」を言うこともできます。

# À tout à l'heure.

[ ア トゥー タ ルーr ]

## また後でね。

ペネロペはおじいちゃんちにお使い。フランス語にはさまざまな別れのあいさつがありますが、その日のうちにまた会うことがわかっている時には、この表現や、À tout de suite. [ア トゥードゥ スユイット] を使います。

ミニ会話

**À tout à l'heure.**
また後でね。（いってきます。）

**À tout de suite. Et fais attention !**
いってらっしゃい。気をつけてね！

フランス語メモ

フランス語には、日本語の「いってきます」「いってらっしゃい」と対応した表現はありませんが、その日のうちに帰ってくるのならば、これらの表現を代わりに使うことができます。fais attention [フェ アタンシオン] で、「注意してね」という意味になります。

# À demain.

［ア ドゥマン］

## また明日。

次に会うのが別の日なら、àの後にその日を入れます。À demain.なら「また明日」、À lundi.［ア ランディ］なら「また月曜に」、À la semaine prochaine.［ア ラ スメーヌ プロ シェヌ］なら「また来週」となります。

ミニ会話

**À demain, mes amis.**
また明日、みんな。

**Au revoir, Pénélope.**
さよなら、ペネロペ。

フランス語メモ

次に会う時をはっきり言わないあいさつもあります。Au revoir.［オ ルヴォワー r ］（revoir 男再会）や、À bientôt.［ア ビ ャント］「また近いうちに」、À la prochaine fois.［ア ラ プロ シエス フォワ］「また次の時に」などです。prochain(e) 形次の

27

# Bonne journée.

[ ボ ン ヌ ジュル ネ ]

## 良い一日を。

別れる時のあいさつには、相手が良い時を過ごすようにと声を掛ける表現も
あります。親しい間柄に限らず、例えばお店を出る時のお客と店員の間や、
仕事で接した人に対してなどでも気軽に使います。

ミニ会話

**Au revoir, monsieur. Bonne journée.**
さようなら、おじさん。良い一日を。

**Merci, au revoir.**
ありがとう、さようなら。

フランス語メモ

午前中はBonne journée.、午後はBon après-midi. [ボン ナ プレ ミ ディ]、夕方は
Bonne soiré.[ボンヌ ソワレ]を使います。ほかにも、週末の前にはBon week-end.[ボ
ン ウイ―ケンド]、休暇前にはBonnes vacances. [ボンヌ ヴァ カンス] がよく使われます。

# Bon courage !

[ ボン ク ラージュ ]

## がんばって！

種まきをするパパを「がんばって！」と応援するペネロペ。Bon courage !
や、省略したCourage ! [ク ラージュ] は、そういう時以外にも、これから
何かしようとしている相手との別れ際に、励ましとしても使える言葉です。

ミニ会話

**Tu as du travail ? Bon courage !**
お仕事してるの？　がんばって！

**Merci, Pénélope. C'est gentil.**
ありがとう、ペネロペ。優しいね。

フランス語メモ

似た表現に、「幸運を祈ります」というBonne chance ! [ボンヌ シャンス] や、「これ
からもがんばって続けてね」というBonne continuation ! [ボンヌ コン ティ ニュア シ
オン] があります。chanceは「女幸運」、continuationは「女継続」という意味です。

29

# Bonne nuit.

[ ボンヌ ニュイ ]

## おやすみなさい。

眠る時にもbon(ne)を使って、「良い夜を」という意味のあいさつをします。
bonとbonneは、後ろの単語が男性名詞ならbon、女性名詞ならbonneと
使い分けますが、決まった表現としてそのまま覚えてしまいましょう。

ミニ会話

**Bonne nuit, maman, papa.**
おやすみ、ママ、パパ。

**Bonne nuit. Dors bien.**
おやすみ。ぐっすり眠ってね。

フランス語教室

最後の「ぐっすり眠ってね」は、相手が1人ならばDors bien. [ドー r ビヤン]、複数
人ならばDormez bien. [ドルメ ビヤン] を使います。dors / dormezは「眠る」とい
う意味の動詞の命令形 (p.118) です。

# Bon appétit.

［ ボ ナ ペ テ ィ ］

## いただきます。 / めしあがれ。

食事前のあいさつですが、日本語の「いただきます」とは違い、これから食べる人にもかけられる言葉です。ですので、自分は食べないけれどほかの人が食事を始める時にも、Bon appétit.と声をかけることができます。

ミニ会話

> **À table. ... Bon appétit !**
> 席について。…さあ、めしあがれ！

> **A toi aussi !**
> ママもね！

フランス語メモ

Bon appétit.と言われたら、自分だけが食べる時はMerci.と応じます。相手も一緒に食事をする時は、1人ならばÀ toi aussi. [アトワオシ] と、複数人ならばÀ vous aussi. [アヴソシ] と言います。「君もね」「あなたたちもね」という意味です。

31

# Santé !

[ サ ン テ ]

## 乾杯!

ペネロペたちはみんなでつんだぶどうのジュースで乾杯！　こういう時にフランス語ではSanté !と声をそろえて言います。これは、À votre santé ![ア ヴォトル サンテ]の略で、相手の健康を祈る言葉です。

ミニ会話

**Santé !**
乾杯！

**À votre santé !**
みんなの健康に乾杯！

フランス語メモ

votre は「あなたたちの」、santéは本来は「⼥健康」という意味です。ほかにも乾杯の時のあいさつとして、くだけた感じのするtchin-tchin[チン チン]などがあります。

# Allô.

[ ア ロ ]

## もしもし。

電話をしているペネロペ。相手が出たら、まずはAllô.と声をかけます。そして、Je suis bien chez ～ ? [ジュ スユイ ビヤン シェ ～]「～さんのお宅ですか?」と尋ねましょう。chezは「前～の家に」という意味です。

ミニ会話

**Allô. Je suis bien chez Stromboli ?**
もしもし、ストロンボリのお家ですか?

**Oui, c'est moi. Bonjour, Pénélope.**
うん、ぼくだよ。こんにちは、ペネロペ。

フランス語メモ

逆に電話がかかってきた時に相手がだれか尋ねるには、Qui est à l'appareil ? [キエタラパレイユ] や、C'est de la part de qui ? [セドゥラパー r ドゥキ] などと言います。quiは「だれ」という意味です。(p.94)

33

# Désolée.

[ デ ゾ レ ]

## ごめんね。

猫のしっぽを踏んでしまったペネロペ。「ごめんね」と謝ります。この表現は
Je suis désolé(e).[ジュ スユイ デゾレ]を短くした形で、女性はdésolée、
男性はdésoléと書きますが、発音は一緒です。

ミニ会話

**Désolée ...**
ごめんね…。

**Ce n'est pas grave.**
大丈夫だよ。

フランス人は、この自分の非を認める謝り方をあまり使わず、もっと軽いPardon.[パ
ルドン]や、Excusez-moi.[エクス キュゼ モワ]をよく使います。許す時は、Ce n'est
pas grave.[スネパグラーヴ](p.67)やÇa ne fait rien.[サヌフェリヤン]と応じます。

34

# Félicitations !

[ フェ リ シ タ シ ヨン ]

track 22

## おめでとう！

なわとびが上手にできたら「おめでとう！」って言いたいですね。ほかにも、合格や入学、結婚や出産など、いろいろなことを祝う特に使える表現です。喜びを伝える表現には、Bravo！［ブラヴォ］もあります。

ミニ会話

**Ça y est !**
うまくできた！

**Félicitations, Pénélope !**
おめでとう、ペネロペ！

フランス語メモ

「結婚おめでとう！」はFélicitations pour ton mariage！［フェリシタシヨン プルトンマリアージュ］、「合格（成功）おめでとう！」は、Félicitations pour ta réussite！［フェリシタシヨン プルタ レユシット］です。Ça y est！(p.73)

35

# 主語と動詞

---
## 1 「～は」の言い方（フランス語の主語）
---

　フランス語では、「～は」（主語）は、以下の表のようにシステマティック に使い分けます。日本語では、「私は」「僕は」「俺は」といろいろな言い方 があas、フランス語では男女や年齢にかかわらず、だれでも「自分1人」 のことについてはjeを使います。

|  |  | 単数（=1人） | 複数（=2人以上） |
|---|---|---|---|
| 1人称(=自分) |  | je ［ジュ］ | nous ［ヌ］ |
| 2人称(=相手) |  | tu ［チュ］<br>vous ［ヴ］ | vous ［ヴ］ |
| 3人称<br>(=それ以外) | 男性 | il ［イル］ | ils ［イル］ |
|  | 女性 | elle ［エル］ | elles ［エル］ |
| (特別な主語代名詞) |  | on ［オン］<br>＊「私が」や「私たちが」、あるいは「人 々一般が」「誰かが」などのさまざまな 意味で使う、特別な主語です。ただし動 詞は必ず3人称単数の形を使います。 | |

## 2　主語に合わせて変わる動詞の形

　フランス語の動詞は主語に合わせて形を変えます。ここでは、この本の中でもよく出てきた代表的な4つの動詞について、よく使うje、tu、on、vousの形を見てみましょう。

| « être »<br>［エットル］<br>（〜である） | « avoir »<br>［ア ヴォワーr］<br>（持つ） | « faire »<br>［フェーr］<br>（する） | « aller »<br>［ア レ］<br>（行く） |
|---|---|---|---|
| je suis<br>［ジュ スュイ］ | j'ai<br>［ジェ］ | je fais<br>［ジュ フェ］ | je vais<br>［ジュ ヴェ］ |
| tu es<br>［チュ エ］ | tu as<br>［チュ ア］ | tu fais<br>［チュ フェ］ | tu vas<br>［チュ ヴァ］ |
| on est<br>［オン ネ］ | on a<br>［オン ナ］ | on fait<br>［オン フェ］ | on va<br>［オン ヴァ］ |
| vous êtes<br>［ヴ ゼット］ | vous avez<br>［ヴ ザ ヴェ］ | vous faites<br>［ヴ フェット］ | vous allez<br>［ヴ ザ レ］ |

chronique 2

# tu と vous
## ──日本語の敬語感覚との違い──

　このあとの2章では、説明の中によく「親しい相手には〜、初対面の相手には〜」といった説明が出てきます。これは日本語でいう敬語のことなのかというと、似ているようでちょっと違います。

　まず、p.36で見たように、フランス語では「話し相手」を指す単語にはtuとvousの2種類があります（ただし、相手が複数人の場合はvousだけです）。基本的に、初対面ではvousを使い、相手との距離が縮まってきたと感じたら、「tuで話さない？」（p.111）と言ってtuで話すようになります。でも焦りは禁物！機が熟していないと、「やっぱりtuじゃないかも…」と思って、お互い気まずくなってしまうこともあります。

　一方、小さい子どもから大学生くらいまでは、初対面の相手にもいきなりtuで話していいし、むしろそれが普通です。ですので、ペネロペなら初めて会った相手、例えばp.17で見たユリスにも、きっとtuで話しかけるでしょう。この本でも、会話の大半はtuを使った会話をしています（ちなみに、p.16に出てきたEt toi？もtuで話す相手への聞き方で、vousで話す相手にはEt vous？[エ ヴ]と聞きます）。

　そして、このtuとvousの使い分けは、基本的にお互いの間で同じ呼び方を使います。日本語では、例えば年の差がある相手と話す時は、年上の人がくだけた口調で話し、年下の人が敬語を使うこともよくありますね。ですがフランス語では、お互いにtuで話すか、お互いにvousで話すのが基本です。上下関係ではなく、相手との距離感の方が大事な言語、文化なんですね。

# 自分のことを話そう

## 第２章

仲良くなるにはお互いによく知ることが大切。
自分のことについても積極的に話そう。

# Je m'appelle Pénélope.

[ ジュ マ ペル ペ ネ ロップ ]

## わたしの名前は、ペネロペだよ。

Moi, c'est〜. (p.16) とは別の名前の言い方です。jeは「私は」という意味の主語 (p.36) で、m'appelleが「〜という名前です」という動詞です。フランス語の文は、基本的に「主語＋動詞＋その他」の順番で並んでいます。

ミニ会話

**Tu t'appelles comment ?**
君の名前はなに？

**Je m'appelle Pénélope.**
わたしの名前はペネロペだよ。

フランス語メモ

Tu t'appelles comment ? [チュ タ ペル コ マン] は、子ども、若者が相手の名前を聞く質問です。大人の場合、初対面の相手にはComment vous appelez-vous ? [コマン ヴ ザプレ ヴ]と質問します。これもあいさつ同様、このまま覚えてしまいましょう。

# Je suis française.

［ジュ スュイ フラン セーズ］

## わたしはフランス人だよ。

je suisは、「私＝〜」という意味の、国籍や職業、身分などを言える、とてもよく使う表現です（p.37）。後ろの部分は、男性ならばfrançais［フランセ］、女性ならばfrançaiseと使い分けます。発音も違うので要注意！

ミニ会話

**Tu es japonaise ?**
きみは、日本人なの？

**Non, je suis française.**
ううん、フランス人だよ。

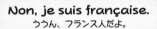

フランス語メモ

「日本人」は男性 / 女性でそれぞれjaponais［ジャポネ］/ japonaise［ジャポネーズ］です。大人が親しくない相手に質問する時はvous êtes［ヴゼット］を、親しい相手にはtu es［チュエ］を使います。フランス語の動詞は、主語に応じて形を変えます。

# Je suis professeure.

［ジュ スュイ プロ フェ スーr］

## わたしは先生だよ。

職業の例：教師professeur(e)［プロ フェ スーr］、会社員employé(e)［アン プロワイエ］、料理人cuisinier［キュイ ジ ニエ］ / cuisinière［キュイ ジ ニ エーr］、店員vendeur［ヴァン ドゥーr］ / vendeuse［ヴァン ドゥーズ］

ミニ会話

**Qu'est-ce que tu fais dans la vie ?**
なんのお仕事をしてるんだい？

**Je suis professeure.**
わたし、先生だよ。

フランス語メモ

職業を聞く時は、Qu'est-ce que tu fais(vous faites) dans la vie ?［ケスクチュ フェ（ヴ フェット）ダン ラ ヴィ］です (p.37、p.92)。大学生と答える時は、étudiant［エ チュディアン］ / étudiante［エチュディアーント］を使います。

# Je voudrais devenir astronaute.

[ ジュ ヴ ドレ ドゥヴ ニー r アス ト ロ ノート ]

## 宇宙飛行士になりたいな。

je voudrais は希望を表す表現、devenir は「～になる」という意味の動詞です。あわせて「～になりたい」という将来の夢を話せます。astronaute は、男性形と女性形が同じ単語なので、男の子も同じ言い方をします。

ミニ会話

**Je voudrais devenir astronaute !**
わたし、宇宙飛行士になりたいの！

**Moi, je voudrais devenir artiste.**
ぼくは芸術家になりたいな。

フランス語メモ

ほかにも男女同形の職業として、芸術家 artiste [アル ティスト]、ジャーナリスト journaliste [ジュル ナ リスト]、公務員 fonctionnaire [フォンク シオ ネー r]、エンジニア ingénieur [アン ジェ ニウー r]、医者 médecin [メッド サン] などがあります。

43

# Nous sommes à Paris.

［ヌ ソム ア パ リ］

## わたしたち、パリにいるよ。

nous sommesは、je suisの複数人バージョンです（p.36）。いずれも、後ろに場所を表す表現をつけて、「〜にいる」という意味でも使えます。都市名の前に前置詞のà［ア］をつけると、「〜に」という場所の表現になります。

ミニ会話

**Vous êtes où maintenant ?**
ペネロペたち（あなたたち）は、いまどこにいるんだい？

**Nous sommes à Paris !**
わたしたち、パリにいるよ！

フランス語メモ

vous êtesは複数人（君たち、あなたたち）にも使えます。場所を聞くためには疑問詞où［ウ］を使い（p.98、99）、右の項目もVous habitez où ?［ヴ サビ テ ウ］などと聞けます。maintenant［マントゥ ナン］「副いま」

44

# J'habite en France.

[ ジャ ビッ タン フラーンス ]

## フランスに住んでいるよ。

住んでいる場所は、j'habite［ジャ ビット］＋場所で表現します。日本ならau Japon［オ ジャ ポン］ですが、つなげて、J'habite au Japon.［ジャ ビット ジャ ポン］と読みます。音の切り方が変わる点に気をつけましょう。

ミニ会話

**Tu habites au Japon ?**
日本に住んでるの？

**Non, j'habite en France, près de Paris.**
ううん、フランスの、パリの近くに住んでるよ。

フランス語メモ

j'habiteやtu habites［チュ ア ビット］のように、フランス語のhはまったく発音しません。その街に住んでいる時にはà、その近くに住んでいる時はprès de［プレ ドゥ］を使いましょう。

45

# J'habite avec mes parents.

[ ジャ ビッタ ヴェック メ パ ラン ]

## 両親と暮らしているよ。

avec [ア ヴェック] は「～と」の意味。j'habite avec～で、だれと住んで いるかを言うことができます。「わたしの父」はmon père [モン ペーr]、 「わたしの母」はma mère [マ メーr] です。

ミニ会話

**Tu habites seule ?**
ひとり暮らしなの？

**Non, j'habite avec mes parents.**
ううん、両親と暮らしているよ。

フランス語メモ

mon, ma, mesはどれも「わたしの」の意味で、後ろに来る単語の性数で形が変わ ります。男性名詞単数ならmon、女性名詞単数ならばma、複数形の名詞ならばmes です (p.85)。seul(e)[スル] は「ひとりで」という意味の形容詞です。

# J'ai un frère et une sœur.

[ ジェ アン フレー r エ ユン スー r ]

## 弟と妹がいるよ。

きょうだいには「持っている」という意味のj'ai(p.37)を使います。兄と弟はun frère(1人)、deux frères [ドゥ フレー r ](2人)…、姉と妹はune sœur、deux sœurs[ドゥ スー r ]…です。年の上下はあまり区別しません。

**J'ai un frère et une sœur. Et toi ?**
弟と妹がいるよ。君は？

ミニ会話

**Je n'ai pas de frères et sœurs.**
きょうだいはいないよ。

フランス語メモ

「いない」と言うためには、否定形のje n'ai pas [ジュ ネ パ]を使います。de [ドゥ]はここではゼロの意味です。「ひとりっ子」と言うには、男性ならばJe suis fils unique.[ジュ スュイ フィス ユニック]、女性ならば〜fille unique[フィーユ ユニック]です。

31
track 31

# J'ai trois ans.

［ジェ　トロワ　ザン］

## わたし、3歳。

年齢も、「持っている」という意味のj'aiを使います。英語などの感覚だと「私＝～」のje suis を使いそうですが、違うので注意！　また、「～歳」の意味のan(s)［アン］は、前の単語とつながって発音が変わります (p.112)。

ミニ会話

**Tu as quel âge ?**
何歳なの？

**J'ai trois ans !**
わたし、3歳だよ！

フランス語メモ

年齢の質問は、親しい相手ならばTu as quel âge ?［チュ アケ ラージュ］、まだ親しくない相手にはVous avez quel âge ?［ヴザヴェ ケ ラージュ］と聞きます。年齢を言う文のan(s) とは違う名詞âgeを使うので気をつけましょう。

48

# Mon anniversaire, c'est le 8 octobre.

［モン ナ ニ ヴェル セー r セル ユイット オク トブル］

## 誕生日は 10 月 8 日だよ。

フランス語の日付は、「le→日→月→西暦」の順番です。日にちは「ついたち」のみ特別なpremier［プル ミエ］を使いますが、それ以外は普通の数字を使います。英語と違うので注意！ anniversaireは「男誕生日」です。

ミニ会話

**Ton anniversaire, c'est quand ?**
誕生日、いつなの？

**Mon anniversaire, c'est le 8 octobre.**
わたしの誕生日は、10 月 8 日だよ。

フランス語メモ

quand［カン］は、「いつ？」(p.97) を聞く疑問詞です。相手の誕生日は、親しい相手にはton anniversaire［トン ナ ニ ヴェル セー r］、まだ親しくない相手にはvotre anniversaire［ヴォ トラ ニ ヴェル セー r］を使います。月の名前はp.56参照。

49

# J'aime beaucoup le gâteau !

[ ジェム ボ ク ル ガ トー ]

## ケーキ大好き！

j'aimeは「私は〜が好き」、beaucoupをつけて「大好き！」。フランス語の名詞はモノでも男性・女性の区別があり、男性名詞ならばle gâteauやle chocolat [ル ショコラ]「チョコレート」のようにleをつけます (p.84)。

ミニ会話

**J'aime beaucoup le gâteau !**
わたし、ケーキ大好き！

**Moi aussi, j'adore le gâteau !**
ぼくも、ケーキ大大好き！

フランス語メモ

j'adore [ジャドーr] は、j'aime beaucoupよりもさらに好きの度合いが強い表現です。「相手もそうだし自分もそうだ」と言う時は、moi aussi [モワオシ]「自分も」を使ってみましょう。

# Je n'aime pas la soupe.

[ ジュ ネム パ ラ スプ ]

## スープは好きじゃないんだ。

「好きじゃない」と言うためには、動詞をne(n')とpasで挟む否定形を使いましょう。la soupeや、la musique [ラ ミュ ジック]「音楽」、la danse [ラ ダーンス]「ダンス」のような女性名詞には、laをつけます (p.84)。

ミニ会話

**Je n'aime pas la soupe.**
スープは好きじゃないんだ。

**Moi non plus, je déteste ça !**
ぼくも、それ大っ嫌い！

フランス語メモ

je déteste [ジュ デテスト] は嫌いの度合いが強い表現です。同じことを繰り返す時や、指を差して言う時には、ça [サ]「これ、それ」が使えます。そして、「自分もそうでない」と言う時は、moi non plus [モワ ノン プリュ] の使いどころです。

# J'aime dessiner.

[ ジェム デ シ ネ ]

## 絵を描くのが好き。

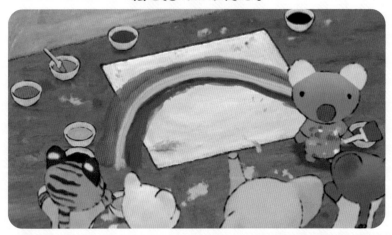

j'aimeなどの後には、dessiner「絵を描く」のような動詞を使うこともできます。例えば、J'aime chanter. [ジェム シャン テ] で「歌うのが好き」、J'adore danser. [ジャ ドー r ダン セ] で「踊るのが大好き」です。

ミニ会話

**Qu'est-ce que tu aimes faire ?**
何するのが好き？

**J'aime dessiner.**
絵を描くのが好き。

フランス語メモ

「好きなすること」を聞くのは、Qu'est-ce que tu aimes faire ? [ケス ク チュ エム フェー r]、「好きなモノ、コト」を聞くのはQu'est-ce que tu aimes ? [ケス ク チュ エム] を使います。まだ親しくない相手には、vous aimez [ヴゼ メ] を使います。

# Je préfère lire.

［ ジュ プレ フェーr リーr ］

## 本を読む方が好きだな。

je préfèreは「こちらの方が好き」という表現で、j'aime同様、名詞にも動詞にも使えます。「でも」という接続詞mais［メ］を使い、J'aime (bien) A, mais je préfère B.と言うことも多いです。lireは「読書する」です。

ミニ会話

**Tu aimes danser ?**
踊るのは好き？

**Oui, j'aime danser, mais je préfère lire.**
うん、踊るのは好きだよ。でも、本を読む方が好きだな。

フランス語メモ

他の動詞表現：aller au cinéma［アレオシネマ］「映画館に行く」、faire du sport［フェーr デュスポーr］「スポーツをする」、écouter de la musique［エクテドゥラミュジック］「音楽を聴く」、regarder la télé［ルガルデラテレ］「テレビを見る」

# Je m'intéresse à l'art.

[ ジュ マン テレ サ ラー r ]

## 美術に興味があるよ。

je m'intéresse à〜「〜に興味がある」は、後の名詞が母音字で始まれば
à l'、女性名詞ならà laがつき、男性名詞の前ではau［オ］になります。映画
の場合はJe m'intéresse au cinéma.［ジュ マン テレ ソ シネマ］です。

ミニ会話

**Je m'intéresse à l'art.**
わたし、美術に興味があるよ。

**Moi, j'adore cette statue !**
ぼく、この像とっても好きだな！

フランス語メモ

「この＋［名詞］」と言う時には男性名詞ならce［ス］、女性名詞ならばcette［セット］、
複数形の名詞の前はces［セ］をつけます（p.85）。statue［スタチュ］「女像」

54

# Je fais souvent du vélo.

[ ジュ フェ ス ヴァン デュ ヴェ ロ ]

## よくサイクリングをするよ。

フランス語では、「趣味は〜です」よりも「よく〜する」と言うことが多いです。je faisは「〜する」という動詞（p.37）で、du véloなら「サイクリングする」です。他のスポーツはp.149。

**Qu'est-ce que tu fais d'habitude ?**
普段は何しているの？

ミニ会話

**Je fais souvent du vélo.**
よくサイクリングしてるよ。

フランス語メモ

d'habitude [ダビチュッド] は「いつもは」です。頻度の表現には、deux fois par semaine [ドゥ フォワ パ r スメーヌ]「週に2回」や、tous les lundis [トゥ レ ランディ]「毎週月曜日に」、tous les jours [トゥ レ ジュー r]「毎日」などもあります。

55

# 曜日と月など

## 1　月の名前

（→「～月に」の言い方はp.142）

| 1月 | janvier [ジャン ヴィエ] | 7月 | juillet [ジュイ イエ] |
|---|---|---|---|
| 2月 | février [フェ ヴリ イエ] | 8月 | août [ウ]（[ウット]） |
| 3月 | mars [マルス] | 9月 | septembre [セプ ターンブル] |
| 4月 | avril [ア ヴリル] | 10月 | octobre [オク トブル] |
| 5月 | mai [メ] | 11月 | novembre [ノ ヴァーンブル] |
| 6月 | juin [ジュアン] | 12月 | décembre [デ サーンブル] |

## 2　曜日

| 月曜 | lundi [ラン ディ] | 金曜 | vendredi [ヴァン ドル ディ] |
|---|---|---|---|
| 火曜 | mardi [マル ディ] | 土曜 | samedi [サム ディ] |
| 水曜 | mercredi [メル クル ディ] | 日曜 | dimanche [ディ マーンシュ] |
| 木曜 | jeudi [ジュ ディ] | | |

## 3　1日の時間帯

| 朝、午前 | le matin [ル マタン] | 夕方、夜 | le soir [ル ソワーr] |
|---|---|---|---|
| 午後 | l'après-midi [ラ プレ ミディ] | 夜 | la nuit [ラ ニュイ] |

## 4　今と未来の表現

（→過去の表現はp.128）

| 今日 | aujourd'hui [オ ジュル デュイ] | 明日 | demain [ドゥ マン] |
|---|---|---|---|
| 今週 | cette semaine [セット ス メーヌ] | 来週 | la semaine prochaine [ラ スメーヌ プロ シェンヌ] |
| 今月 | ce mois [ス モワ] | 来月 | le mois prochain [ル モワ プロ シャン] |
| 今年 | cette année [セ タ ネ] | 来年 | l'année prochaine [ラ ネ プロ シェンヌ] |

chronique 3

# フランスの自然と地方

　ペネロペはよくおじいちゃんの牧場に行ったり、お友達と自然の中で遊んだりしています。「フランスといえばパリ！」と思っていると、こんなに自然あふれる光景を不思議に思うかもしれません。

　でも実は、フランスはとても自然の多い国です。日本より国土は広く人口は少ないため、むしろ広い国土に街が点在するという印象を受けます。特に広い平地を活かした農業が盛んで、パリからTGV［テ ジェ ヴェ］（新幹線）に乗ると、2、30分ほどで畑や牧場が広がります。（車窓から牛やヤギもよく見かけます！）

　そして、フランスでは「パリはフランスにあらず」と言われるほど、パリとそれ以外の地方は別の印象を持ち、パリももちろん魅力的ですが、自然あふれる地方もとても魅力的です。特に人気なのは、フランス南東部の、地中海を望む明るいプロヴァンス地方。マルセイユやニース、カンヌといった海沿いの街や、北側の山岳地帯にある村々はそれぞれ個性的で魅力的です。さらに北に行くと、スイスやイタリアとの国境のアルプス山脈があり、ロープウェイで富士山より高い3800mまで登れ、モンブランを間近に見ることができます。

　ほかにも、フランス東部のアルザス地方は、ドイツとの文化が混じり合い、おとぎ話のような木組みの家がかわいらしく、北西に位置するブルターニュ地方も、先住民であるケルト人の影響が色濃い、独自の文化が魅力的です。それより南のロワール地方には、歴史的事件の舞台にもなったお城が点在し、フランス南西部のボルドー周辺はブドウ畑が広がるワインの産地として有名。と、フランスの地方の魅力はここでは語り尽くせません。ぜひ、自分の目で確かめてみてください！

# 気持ちを伝えよう

# 第3章

感じたこと、思ったことなど、
いろいろな気持ちを相手に伝えよう。

# Je suis très contente.

[ ジュ スュイ トレ コン ターント ]

## とってもうれしいな。

「もうじきお姉さん」と言われ、喜ぶペネロペ。そんな時は、「わたし＝～」というje suisを使って気持ちを表しましょう。男性はcontent [コン タン]、女性はcontenteで、très「圖とても」があると意味を強められます。

ミニ会話

**Tu seras bientôt grande sœur !**
もうすぐお姉ちゃんになるんだよ！

**C'est vrai ? Je suis très contente !**
ほんと？　とってもうれしいな！

フランス語×経

tu seras [チュ スラ] はtu esの未来形、bientôt [ビヤント] は「圖もうすぐ」です。
うれしい気持ちを表す他の単語にheureux [ウル] / heureuse [ウルーズ] があります。
悲しい時はtriste [トリスト]、怒っている時はfâché(e) [ファシエ] です。

60

# J'ai trop hâte !

［ジェ　トロ　アット］

## 楽しみすぎる！

カーニバルのパレード、とっても楽しみ！　「持っている」という意味のj'ai
は、他の単語と組み合わせていろいろな熟語を作ります。「急ぐ気持ち」を表
すhâteと組み合わせて「待ちきれない、楽しみ」という意味です。

● ● ● ● ● ● ● ● ● ● ● ● ● ● ● ● ● ● ● ● ● ● ● ● ● ● ●

**J'ai trop hâte !**
楽しみすぎる！

ミニ会話

**Oui, on y va !**
うん、いこう！

フランス語メモ

tropは、「圖～すぎる」という意味で、本来は「だからよくない」という含意があり
ますが、特に口頭では、trèsよりも強く意味を強調する単語としてよく使います。
On y va(p.111)

61

# C'est amusant !

[ セ ア ミュー ザン ]

## おもしろい！

パレード、楽しんでいるようですね。ほかに、気持ちを表す表現として、c'est「それは〜」の後に形容詞を言う方法もよく使われます。この時、je suis の後とは違って、形容詞は常に男性形単数になります。

ミニ会話

**C'est amusant !**
おもしろい！

**Oui, c'est excitant !**
ね、興奮するね！

フランス語メモ

似た意味の形容詞に、excitant [エクシタン]「興奮する」、intéressant [アンテレサン]「興味深い」、sympa [サンパ]「感じが良い」、cool [クル]「かっこいい」などがあります。そうではない時は、否定形のce n'est pas [スネパ] を使います。

# C'est drôle !

［セ ドロール］

## おかしい！

雪遊びから帰ったら、パパの顔にゴーグルの跡！　笑っちゃうようなおかしさの時は、C'est drôle.などを使います。「変だなぁ」と疑問に思うおかしさの場合はbizarre［ビザーr］です。

**Tiens ! Regarde !**
ほら、見てごらん！

ミニ会話

**Ah, c'est drôle !**
あぁ、おかしい！

フランス語メモ

tiens［ティアン］は「おや！」と驚いたり、「ほら」と相手を促したりする表現。regarde［ルギャルド］は「見る」という動詞regarderの命令形です。drôleと似た、「おかしさ」を表す単語に、rigolo［リゴロ］、marrant［マラン］などがあります。

# Comme c'est beau !

［コ ム　セ　ボ］

## なんてきれいなの！

とってもきれいな夕焼け！　「ああ、なんて〜なんだ！」と気持ちを込めて言う時には、文頭にcommeをつけましょう。人について「きれい」と言うには、男性Il est beau.［イ レ ボ］、女性Elle est belle.［エ レ ベル］です。

ミニ会話

### Regarde, le soleil se couche.
見てごらん、おひさまが沈んでいくよ。

### Comme c'est beau !
なんてきれいなの！

フランス語メモ

似た表現に、女性だけに使うjoli(e)［ジョリ］や、子どもらしい可愛らしさに使うmignon(ne)［ミニョン］／［ミニョンヌ］があります。Le soleil［ルソレイユ］は「男太陽」、se couche［スクーシュ］は「寝る、沈む」という動詞se coucherの活用形です。

# Super !

[ シュ ペー r ]

## すごい！

虹だ、すごい！ Super ！は、「すごい！」「いいね！」と相手や何かを称賛する時に使う言葉です。C'est super.と言うこともありますが、このc'estは省略できます。「虹」はun arc-en-ciel [アン ナル カン シエル] です。

ミニ会話

**Super ! Regardez, Eustache et Philomène !**
**Voici un arc-en-ciel ! C'est formidable !**
すごい！　見て見て、ウスターシュとフィロメーヌ！
ほら、虹だよ！　すごいね！

フランス語メモ

似た表現に、Formidable ! [フォルミダブル]、Génial ! [ジェニアル]、Parfait ! [パルフェ]、Excellent ! [エクセラン] などがあります。voici [ヴォワシ] は「ほら、～だよ」と提示する表現、regardez [ル ガルデ] は、複数人に対して「見て」という命令形です。

65

# Dommage !

［ ド　マージュ ］

## 残念！

魚が釣れたと思ったらゴーグルだった！　残念！　そんな時は、Dommage !
と言います。これも、C'est dommage.あるいは感嘆表現のQuel dommage !
［ケル ド マージュ］を略した表現です。

ミニ会話

> **Ce n'est pas un poisson! Dommage!**
> 魚じゃない！　残念！

> **Ne sois pas déçue, Pénélope.**
> がっかりしないで、ペネロペ。

フランス語メモ

がっかりした時は、Je suis déçu(e).［ジュ スュイ デシュ］やJe suis découragé(e).［ジュ
スュイ デクラジェ］とも言います。「がっかりしないで」と励ます時は、否定命令形のNe
sois pas déçu(e).［ヌ ソワ パ デシュ］やNe te décourage pas.［ヌ トゥ デクラジュ パ］です。

# C'est terrible !

[ セ テ リーブル ]

## たいへんだ！

大事なドゥドゥがお風呂でおぼれちゃった！　そういう「怖い」感じのする
「たいへんだ！」は、C'est terrible !です。「難しい」の意味の「たいへん」
は、C'est difficile. [セ ディ フィ シル] を使います。

ミニ会話

> **C'est terrible ! Mon doudou est noyé !**
> たいへん！　わたしのドゥドゥがおぼれちゃった！

> **Ne t'inquiète pas. Ce n'est pas grave.**
> 心配しないで。大丈夫だよ。

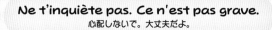

フランス語メモ

Ce n'est pas grave. [スネパグラーヴ] は、口頭ではC'est pas grave. [セパグラーヴ]
と略すこともあります。「心配しないで」は、否定命令形のNe t'en fais pas. [ヌ タン フ
ェ パ] やNe t'inquiète pas. [ヌ タン キエット パ] (省略形T'inquiète ! [タン キエット]) です。

67

# J'ai peur !

[ ジェ プーr ]

## 怖い！

ハロウィンでおうちに帰ってきたら、家に吸血鬼が！「怖い！」という気持ちを表わす時は、J'ai peur.やÇa me fait peur.［サムフェ プーr］と言います。peurは「恐怖」という意味です。

ミニ会話

**J'ai peur ! Au secours !**
怖い！助けて！

**Désolé, Pénélope. C'est papa.**
ごめん、ペネロペ。パパだよ。

フランス語メモ

Au secours !［オスクーr］は、よく使う助けを求める表現です。似た表現に、Au feu !［オフ］「火事だ！」や、Au voleur !［オヴォルーr］「泥棒！」があります。とっさの時に使えるようにしましょう。

# J'ai eu peur !

[ ジェ ユ プー r ]

## びっくりした！

47を過去形(pp.136-137)にしたJ'ai eu peur !「怖い思いをした」はびっくりした時に使います。「何かに / 君にびっくり」なら、Ça m'a fait peur !
[サ マ フェ プー r ] / Tu m'as fait peur !（チュ マ フェ プー r ] です。

ミニ会話

> **Coucou, c'est moi !**
> ばぁ、僕だよ！

> **Ah, c'est toi, Milo. J'ai eu peur !**
> わぁ、なんだ、ミロか。びっくりした！

フランス語メモ

ほかに驚いた時の反応に「本当？」と聞くC'est vrai ?（セ ヴレ]、「うそでしょ！」
というC'est pas vrai !（セ パ ヴレ]やPas possible !（パ ポシブル]、「信じられない！」
というC'est incroyable !（セ アン クロワイヤブル] などがあります。

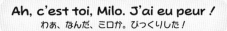

69

# Aïe !

[ アイッ ]

## 痛っ！

自転車に乗っていて転んじゃった……。そんな時、フランス人はAïe !と言います。このような、とっさの反応は言語によって違うので、「フランス人らしく話そう」と思ったらまねしてみましょう。

ミニ会話

**Aïe ! Je suis tombée.**
痛っ！　転んじゃった。

**Ah, Pénélope, ça va ?**
ペネロペ、大丈夫かい？

フランス語メモ

Aïe, aïe.と繰り返すと「やれやれ」という感じです。Ouf !［ウッフ］は安心した時、Oh là là !［オララ］は少し驚いた時、Zut !［ジュット］は失敗した時や悔しい時、Bof.［ボフ］は疲れた時や気が乗らない時、Chut !［シュット］は静かにしてほしい時の表現です。

# Pas de problème.

［パ ド プロ プレム］

## 問題ないよ。

今日はおじいちゃんのおうちにお届けもの。心配そうなパパとママを安心させましょう。pas de は、il n'y a pas de〜「〜がない」の省略で、problèmeは「<u>男</u>問題」なので、これで「問題ないよ」になります。

ミニ会話

**Tu peux y aller toute seule ?**
ひとりで行ける？

**Pas de problème.**
問題ないよ。

フランス語メモ

tu peux ［チュプ］ は「〜できる」、y aller ［イアレ］ は「そこに行く」、toute seule ［トゥトスル］ は「ひとりで」です。Pas de souci. ［パド スシ］「心配ないよ」やC'est pas grave.、Ne t'inquiète pas. (p.67) なども安心させる表現です。

# J'ai une idée !

［ ジェ ユ ニ デ ］

## ひらめいた！

今日はおじいちゃん（papi）のお誕生日。プレゼントに何をあげるか、ひらめきました。idéeは「考え、アイディア」という意味で、C'est une bonne idée.［セ チュン ボ ニ デ］で、「良い考えだね」と言えます。

ミニ会話

> **J'ai une idée ! Je vais dessiner papi !**
> ひらめいた！　おじいちゃんを絵に描こう！

> **Quelle bonne idée !**
> とってもいい考えだね！

フランス語メモ

Quelle bonne idée !［ケル ボ ニ デ］は、「なんて良い考え」という感嘆表現です。アイディアに対する他の反応には、「悪くないじゃない」というPourquoi pas ?［プル コワパ］や、C'est pas mal.［セ パ マル］がよく使われます。je vais(p.125)

# Ça y est !

[ サ イ エ ]

## やった、できた！

見て見て、雪だるま、ひとりで上手にできたよ！ そんな、頑張ったことが
うまくできた時は、ホッとした気持ちをこめてÇa y est !と言います。ほか
にも、長い時間待ったことや、大変だったことが終わった時にも使います。

ミニ会話

**Ça y est !**
やった、できた！

**Génial ! Tu as fait ça toute seule ?**
すごい！ これ、ひとりで作ったのかい？

フランス語メモ

似た表現に、C'est fini ! [セフィニ]「終わった！」があります。どちらもÇa y est ?
やC'est fini ?と疑問形でも使えますが、まだの時はPas encore. [パサンコーr]と
答えましょう。tu as fait [チュアフェ]は「君は作った」という意味です。

73

# D'accord.

［ ダ コー r ］

## いいよ。

「ふたを閉めて」って頼まれたら、「いいよ」って答えよう。D'accord.は、「いいよ」「わかったよ」と同意する時の表現です。Je suis d'accord avec toi.［ジュ スュイ ダ コー r アヴェックトワ］で、「きみに同意するよ」です。

ミニ会話

**Pénélope, ferme le bouchon, s'il te plaît.**
ペネロペ、ふたを閉めてね。

**D'accord.**
いいよ。

フランス語メモ

同意を表す表現には、フランクなOK［オケ］や、少しかしこまったentendu［アンタンデュ］もあります。逆にできない時は、Je ne peux pas.［ジュ ヌ プ パ］や、Ce n'est pas possible.［スネパポシブル］などと答えます。s'il te plaît(p.110)

74

# J'ai compris.

[ ジェ コン プリ ]

## わかった。

何してるんだろう？　わかった、お絵かきだ！　「意味がわかった」と言う時は「わかる」という動詞comprendreを過去形で使います。現在形のJe comprends. [ジュ コン プラン] だと、「わかるよ」という同意になります。

ミニ会話

**Qu'est-ce que tu fais ? Ah, j'ai compris !**
何してるの？　あっ、わかった！

**Oui, on va dessiner sur les crêpes.**
そうだよ、一緒にクレープにお絵描きしよう。

フランス語メモ

逆にわからない時は、否定形のJe ne comprends pas. [ジュ ヌ コン プラン パ] や、Je n'ai pas compris. [ジュ ネ パ コンプリ] を使います。on va〜 [オン ヴァ] は「〜しよう」と誘う表現です (p.125)。Qu'est-ce que tu fais ? (p.92)

75

# Ça sent bon.

［ サ サン ボン ］

## いいにおい。

お肉、焼けてきたみたい。おいしそうなにおいがするね。そういう時は、Ça sent bon.と言います。ça sentが「これはにおいがする」、bonが「良い」です。食べ物だけでなく、花や香水など、何にでも使えます。

ミニ会話

**Ça sent bon !**
いいにおい！

**Ça me donne faim !**
おなかすいてきたね！

フランス語メモ

ça me donne［サム ドンヌ］は「それはわたしに〜を与える」で、faim［ファン］は「空腹（感）」です。あわせて、「空腹感を感じさせる」ので、いいにおいでおなかがすいてきたという意味です。悪いにおいは、Ça sent mauvais.［サ サン モヴェ］です。

# C'est très bon !

[ セ トレ ボン ]

## すごくおいしい!

これ、とってもおいしいね！　食べている最中の「おいしい」は、C'est bon.
と言い、食べ終わった後の「おいしかった」はC'était bon. [セテボン] と
言います。こちらは、「ごちそうさま」の代わりにもなります。

ミニ会話

**Maman, c'est très bon !**
ママ、これとってもおいしいね！

**Merci, Pénélope. Je suis contente.**
ありがとうペネロペ。うれしいわ。

フランス語文号

もっと強く言うには、C'est délicieux. [セデリシゥ] やC'est excellent. [セテクセ
ラン] を使います。これらはtrèsを一緒に使えません。おいしくない時は、Ce n'est
pas bon. [スネパボン]、「悪くない」なら、C'est pas mal. [セパマル] です。

77

# J'ai bien mangé.

［ ジェ ビヤン マン ジェ ］

## おなかいっぱい。

あれあれ、ペネロペはもうおなかいっぱいみたい。「食べる」という動詞の過去形j'ai mangéの間にbien「よく」を入れると、「よく食べた」「おなかいっぱい」となります。これも「ごちそうさま」の代わりに使えます。

ミニ会話

**Tu ne manges plus ?**
もう食べないのかい？

**J'ai bien mangé. Je n'ai plus faim.**
おなかいっぱいなの。もうおなかすいてないんだ。

フランス語メモ

似た表現に、「寝る」という動詞dormirを使った、J'ai bien dormi.［ジェ ビヤン ドルミ］「よく寝た」があります。また、フランス語の否定形はne(n') …pasで動詞を挟みますが、ne(n') …plus［ヌ…プリュ］で挟むと「もう〜ない」という否定形になります。

# J'ai sommeil.

[ ジェ ソ メイユ ]

## ねむいなー。

ベッドで本を読んでいるペネロペ。とても眠そうです。「眠い」と言うには、「持っている」のj'aiの後に、sommeil [ソ メイユ]「男眠気・睡眠」をつけます。

ミニ会話

> **J'ai encore envie de lire, mais j'ai sommeil.**
> まだご本を読んでいたいけど、ねむいなー。

> **Tu as besoin de bien dormir.**
> ちゃんと寝なきゃね。

フランス語メモ

似た表現に、J'ai faim. [ジェ ファン]「おなかがすいた」や、J'ai soif. [ジェ ソワフ]「喉がかわいた」があります。また、j'ai envie de ～ [ジェ アンヴィ ドゥ]「～をしたい」や、j'ai besoin de～ [ジェ ブソワン ドゥ]「～する必要がある」という表現もあります。

# J'ai mal ici.

［ジェ　マ　リ　シ］

## ここが痛いの。

転んじゃったペネロペ。いろいろなところが痛いみたい。こういう時も、j'ai を使い、j'ai mal〜［ジェ マル］と言います。Ici［イ シ］は「ここ」なので、指差しながら「ここが痛い」と伝えることができます。

ミニ会話

**Tu t'es blessée ? Ça va ?**
ケガをしたのかい？　大丈夫？

**Non, j'ai mal ici.**
ううん、ここが痛いの。

フランス語メモ

Je me suis blessé(e). ［ジュム スユイ ブレ セ］/ Tu t'es blessé(e). ［チュテ ブレ セ］で「ケガをした」です。どこが痛いか言う時は、J'ai mal au ventre. ［ジェ マ ロ ヴァントル］「おなかが痛い」、J'ai mal à la tête. ［ジェ マ ラ ラ テット］「頭が痛い」などと言います。

# Je suis fatiguée.

[ ジュ スュイ ファ ティ ゲ ]

## 疲れちゃった。

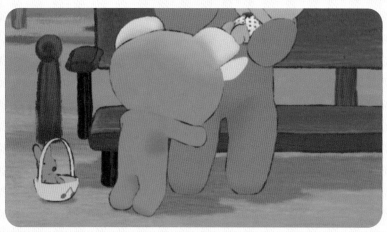

お散歩してたら、ペネロペ、疲れちゃったみたい。「少し疲れた」はJe suis un peu fatigué(e). [ジュ スュイ アン プ ファ ティ ゲ]、「すごく疲れた」は、Je suis épuisé(e) [ジュ スュイ エ ピュイ ゼ] などと言います。

ミニ会話

**Tu as sommeil ?**
眠いの?

**Non. Mais je suis fatiguée.**
ううん。でも疲れちゃった。

フランス語メモ

似た単語のfatigantを使って、C'est fatigant.[セ ファ ティ ガン]「それは疲れることだ、大変だ」と言うこともできます。ですが、Je suis fatigué(e).とは混ぜないように注意！

81

# Je suis malade.

[ ジュ スュイ マ ラッド ]

## 病気なの。

ペネロペ、お熱みたい。「病気だ」と言うには、je suisを使いましょう。「病気になった」は、「落ちる」という意味のtomberを過去形で使い、Je suis tombé(e) malade. [ジュ スュイトン ベ マ ラッド] と言います。

ミニ会話

**Je me sens mal. Je suis malade ?**
気分が悪いの。わたし、病気かな?

**Oui, tu as attrapé froid.**
ええ、風邪をひいたのよ。

フランス語メモ

Je me sens mal. [ジュム サン マル] は「気分が悪い」です。J'ai attrapé froid. [ジェ アトラペ フロワ]「風邪をひいた」、J'ai de la fièvre. [ジェ ドゥ ラ フィエーヴル]「熱がある」、J'ai la nausée. [ジェ ラ ノゼ]「吐き気がする」なども言えます。

# Je suis en forme.

［ジュ スュイ アン フォルム］

## 元気だよ。

風邪が治って元気になったペネロペ。みんなとなわとびで遊びます。「元気」と言う時、Ça va. も使えますが、この表現や、それを強めるJe suis en bonne forme.［ジュ スュイ アン ボンヌ フォルム］なども言えます。

ミニ会話

**Comment vas-tu ? Tu es guérie ?**
体調どう？　元気になった？

**Oui, je suis en forme !**
うん、元気だよ！

フランス語メモ

Tu es guéri(e) ?［チュ エ ゲリ］は治ったかを聞く表現です。「早く治って」と回復を祈る時は、親しい相手にはGuéris vite.［ゲリ ヴィット］、まだ親しくない相手にはGuérissez vite.［ゲリセ ヴィット］です。Comment vas-tu ? (p.104)

# 名詞の前につくもの

---
## 1　冠詞
---

　フランス語では、名詞の前には基本的に、冠詞や、右ページで見る「〜の」を表す所有形容詞、「あの」「その」の意味の指示形容詞などのどれかを付けます。冠詞には定冠詞、不定冠詞、部分冠詞の3種類があり、それぞれ次に来る名詞の性数によって以下のように形が決まります。（　）内は、後ろの名詞が母音字で始まる場合の形です。

| ↓後ろの名詞が | | 定冠詞 | 不定冠詞 | 部分冠詞 |
|---|---|---|---|---|
| 単数 | 男性名詞 | le(l') [ル] | un [アン] | du(de l') [デュ] |
| | 女性名詞 | la(l') [ラ] | une [ユヌ] | de la(de l') [ドゥ ラ] |
| 複数 | | les [レ] | des [デ] | × |

　これらの冠詞は、状況や言いたいことによって以下のように使い分けます。

| 定 (すでに話題に出たものや、j'aimeの後) | | 定冠詞 | J'aime le café.<br>「私はコーヒーが好き」 |
|---|---|---|---|
| 不定 (はじめて話題に出るもの) | 数で考える場合 | 不定冠詞 | Un café, s'il vous plaît.<br>(p.110)<br>「1杯のコーヒーをください」 |
| | 量で考える場合 | 部分冠詞 | Je bois(prends) du café.<br>(p.121)<br>「コーヒーを飲みます」 |

## 2 「～の」の言い方（所有形容詞と指示形容詞）

　p.19で「友達たち」と紹介したmes amisですが、ami(s)が「友達」という名詞で、mesは「私の」という意味です。フランス語の「～の」を意味する所有形容詞も名詞の前につき、主語に応じてシステマティックに使い分けます。ただし、後ろにどんな名詞が来るかで形が変わるので注意が必要です。ここでは、よく使う「私の」「君の」「あなた（たち）の」と、同じように使う「あの、その、この」の意味の単語を見てみましょう。（　）内は、後ろの名詞が母音字で始まる場合の形です。

| ↓後ろの<br>名詞が | | 私の | 君の | あなた<br>(たち) の | あの、その、<br>この |
|---|---|---|---|---|---|
| 単数 | 男性<br>名詞 | mon<br>[モン] | ton<br>[トン] | votre<br>[ヴォトル] | ce(cet)<br>[ス]（[セット]） |
| | 女性<br>名詞 | ma(mon)<br>[マ]（[モン]） | ta(ton)<br>[タ]（[トン]） | | cette<br>[セット] |
| 複数 | | mes<br>[メ] | tes<br>[テ] | vos<br>[ヴォ] | ces<br>[セ] |

chronique 4

# フランスの食文化

p.77で、C'est très bon ！「すごくおいしい！」と言っているペネロペ。ほかにもアニメには、いろいろなものを食べるシーンが描かれています。フランスの食文化をのぞいてみましょう。

まず、p.50のチョコレートケーキは、日本では「ガトーショコラ」と言いますが、実はフランス語では、ガト・オ・ショコラ（gâteau au chocolat）と言います。この「オ」は、カフェ・オ・レ（café au lait）と同じ「オ」です。ほかにもよくある勘違いに、やはりフランス発祥のミルフィーユは、実は「1000枚の葉っぱ」という意味のミル・フイユ（millefeuille）です。ミルフィーユだと「1000人の娘さん」という意味に聞こえてしまいます。

もっと特徴的なのは、パリで見つけたマカロンやクロックムッシュ。クロックムッシュはパンにチーズやハムを挟んで焼いたホットサンドのこと。パリで100年以上前に生まれた、カフェの定番メニューです。そこに目玉焼きを乗せると、ムッシュ（紳士）がマダム（淑女）に変わった、クロックマダムと呼ばれます。一説によれば、目玉焼きが当時の女性の帽子に似ていたからだとか。

マカロンは日本でも有名ですが、実は皆さんが知っているのはパリの洗練された形のもので、フランスでは各地に、まったく別の「マカロン」というお菓子があります。例えば、東フランスのナンシーやボルドー近くのサンテミリオンでは薄くて丸いクッキーのような形、北フランスのアミアンでは分厚い円柱型をしています。どれも素朴な味わいで、言われなければ同じマカロンと呼ぶとは気づけません！フランスにはこれ以外にも、地方や街ごとに特徴ある郷土菓子があり、最近人気のカヌレもボルドー発祥のお菓子です。ぜひ、フランス各地を巡って、それぞれの土地に根付いた食文化に触れてみましょう。

# 聞きたいことがたくさん **4**

## 第4章

困ったときは周りの助けが必要。
質問やお願いの表現を覚えておこう。

# Qu'est-ce qu'il y a ?

[ケス キ リヤ]

## 何があるの？

クリスマスプレゼントの中身は何かな？　il y a〜［イ リヤ］は「〜がある」
という表現で、よく場所の表現と一緒に使います。Qu'est-ce que(qu')
［ケス ク］は、その「〜」の部分を聞いています。

ミニ会話

> **Voilà le cadeau de Noël !**
> ほら、クリスマスプレゼントだよ！

> **Qu'est-ce qu'il y a dedans ?**
> 中身は何かな？

フランス語メモ

voilà［ヴォワラ］は、voici(p.65) 同様、「ほら〜」と提示する表現。cadeau［カド］
は「男プレゼント」で、dedans［ドゥダン］は「副中に、内側に」です。Qu'est-
ce qu'il y a ?は、「どうしたの？」と聞く時にも使えます。

# Qu'est-ce que c'est ?

[ ケス ク セ ]

## これなあに？

プレゼントが何なのかわからないペネロペ。c'estは人を紹介したり形容詞と使ったりしてきましたが、モノを紹介することもできます。Qu'est-ce que c'est ? はこれは何かと聞く表現で、お店などでも使えます。

ミニ会話

**Mais qu'est-ce que c'est ?**
でも、これなあに？

**C'est un vêtement.**
お洋服よ。

フランス語メモ

C'est quoi(ça) ? [セ コワ（サ）] も同じ意味。quoiは、qu'est-ce queを後ろに置く時の形です。il y aやc'est の後に名詞が来る時は、基本的に不定冠詞や部分冠詞(p.84)をつけます。vêtement [ヴェットマン]「男洋服」

# Qu'est-ce que tu veux ?

[ ケス ク チュ ヴ ]

## 何が欲しいの？

おじいちゃんの動物たちにご飯をあげよう！　犬さんは何が欲しいかな？　そんな時は、Qu'est-ce que tu veux ?って聞いてみよう。tu veuxは「〜が欲しい」の意味で、qu'est-ce queで「〜」の部分を聞いています。

ミニ会話

### Qu'est-ce que tu veux ?
何が欲しいの？

### Il veut de la viande.
その子が欲しいのはお肉だよ。

フランス語メモ

「自分が〜を欲しい」は、je veux［ジュヴ］です。後に動詞が来て「〜をしたい」という表現でも使え、「何がしたいの？」と聞きたい時はQu'est-ce que tu veux faire ?［ケスクチュヴフェー「］と言います。viande［ヴィアンド］「囡肉」。

# Qu'est-ce que ça veut dire ?

[ ケ ス ク サ ヴ ディ ー r ]

## それってどういうこと？

「紙を大切に！」と言われてもペネロペは意味が分かりません。ça veut dire ～は「これは～という意味だ」という表現です。ただし、言い方によっては「どういうこと!?」と驚いたり怒ったりした感じが出てしまうので注意！

ミニ会話

**Qu'est-ce que ça veut dire ?**
それってどういうこと？

**C'est-à-dire qu'il faut protéger la planète.**
つまり、地球を守らなきゃってことさ。

フランス語メモ

Qu'est-ce que ça veut dire, ～ ?で、単語の意味を聞くこともできます。C'est-à-dire(que)[セタディー r（ク）] も似た表現で、「つまり～だ」という意味です。C'est-à-dire ?と言って、相手に説明を促すこともできます。il faut(p.145)

91

# Qu'est-ce que tu fais ?

［ケス ク チュ フェ］

## 何してるの?

とってきた小麦で、おばあちゃん何してるの? 「する」という意味の動詞 faire(p.37) を使って、何をしているか聞いてみましょう。vousで話す場合はQu'est-ce que vous faites ?［ケス ク ヴ フェット］です。

ミニ会話

**Qu'est-ce que tu fais ?**
何してるの?

**Je fais de la farine de blé.**
小麦粉を作ってるのよ。

フランス語メモ

faireには「作る」という意味もあります。過去形はj'ai fait［ジェ フェ］で、Qu'est-ce que tu as fait ?［ケスクチュアフェ］「何をした (作った)の?」と聞けます (p.128)。
farine (de blé)［ファリヌ (ドゥブレ)］[女]「小麦粉」

92

# Qu'est-ce qui se passe ?

[ ケス キス パッス ]

## どうしたの？

あれれ、ペネロペ、どうしたの？ 「何が？」を聞く疑問詞Qu'est-ce qui
と、「～が起こる」という意味のse passeを合わせたQu'est-ce qui se
passe ?で、「何が起こっているの？」となります。

ミニ会話

**Qu'est-ce qui se passe, Pénélope ?**
ペネロペ、どうしたの？

**J'ai perdu mon doudou !**
わたしのドゥドゥ、なくしちゃった！

フランス語メモ

過去形にしたQu'est-ce qui s'est passé ? [ケスキセパッセ]「何があったの？」や、
「全部がうまくいっている」というTout se passe bien. [トゥス パッス ビヤン]もよ
く使う表現です。j'ai perdu [ジェ ペルデュ] は「わたしはなくした」です。

93

# Qui est-ce ?

［キ　エス］

## だれ？

わっ、おばけ？　だれが変装しているのかな？　qui は「だれ？」を聞く疑問詞です(p.33)。est-ce は c'est の主語と動詞が倒置した（入れ替わった）形で、元に戻した C'est qui ?［セ キ］も同じく「だれ？」と聞く文です。

ミニ会話

**Oh ! Qui est-ce ?**
わぁ！　だれなの？

**C'est moi, Stromboli.**
ぼくだよ、ストロンボリ。

フランス語メモ

quiを用いたよく使う質問文には、Qui est là ?［キ エ ラ］「だれがそこにいるの？どなた？」、Qui es-tu ?［キ エ チュ］「君はだれ？」、Qui est cette dame ?［キ エ セット ダム］「あのご婦人はどなたですか？」、Qui vient ?［キ ヴィヤン］「だれが来るの？」、などもあります。

# C'est à qui ?

［セ タ キ］

## これ、だれの?

このボール、だれのかな?　quiの前に「〜の」を意味する前置詞àをつけることで、「これはだれの?」と聞くことができます。C'est à moi.［セ タ モ ワ］「わたしの」や、C'est à Pénélope.［ペネロペの］と答えます。

ミニ会話

**C'est à qui, cette boule ?**
これ、だれの?　このボール。

**C'est à moi ! Merci, Pénélope.**
ぼくのだよ!　ありがとうペネロペ。

フランス語メモ

同じく前置詞のavec［アヴェック］「〜と」(p.46) と組み合わせたTu habites avec qui ?［チュアビッタヴェックキ］「だれと住んでいるの?」やTu sors avec qui ?［チュソーラヴェックキ］「だれと出かけるの?」などもよく使います。

# Quelle heure est-il ?

［ ケ ル ー レ ティル ］

## いま何時？

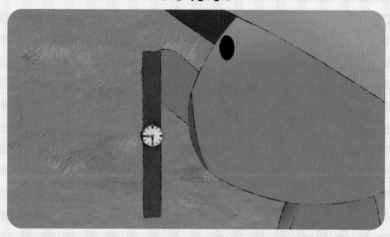

おじいちゃんに時計を借りたペネロペ。でも、いま何時？　時間はIl est＋数字＋heure(s).［イレ ～ ウーr］で表すことができます。聞く時はこの表現や、Il est quelle heure ?［イ レ ケルーr］です。

ミニ会話

**Quelle heure est-il ?**
いま何時？

**Il est trois heures.**
3時だよ。

フランス語メモ

このquelleは、年齢を聞くTu as quel âge ?（p.48）のquelと同じ単語で、それぞれ女性形と男性形ですが、発音は同じです。正午はIl est midi.［イレミディ］、真夜中24時はIl est minuit.［イレミニュイ］です。

# On mange quand ?

[ オン マンジュ カン ]

## いつご飯、食べるの?

ご飯、まだかな?「いつ?」はquand［カン］を使って聞きましょう。「何時
に?」と時刻を聞く場合は、à quelle heure ?［アケルー r］を使います。
on(p.36)［オン］は、「私たち」や「人々」の意味の主語です。

**ミニ会話**

> **Mamie, j'ai faim. On mange quand ?**
> おばあちゃん、おなかすいたよ。いつご飯、食べるの?

> **On mange à midi, dans trente minutes.**
> 正午に食べよう。30分後よ。

dans［ダン］+時間表現で、「(今から) 〜後」を表すことができます。dans trente
minutes［ダントラントミニュット］、dans deux heures［ダンドゥズー r］「2時間後」、
dans trois jours［ダントロワジュー r］「3日後」などです。

97

# Où sont les toilettes ?

[ ウ ソン レ トワ レット ]

## トイレはどこ？

ペネロペはおトイレ中。お外でトイレに行きたくなった時は、Où sont les toilettes ?と聞きましょう。oùはp.44でも見たように場所を聞く疑問詞です。トイレは必ず複数形のles toilettesで、sontもestの複数形です。

ミニ会話

### Où sont les toilettes ?
トイレはどこ？

### Au premier étage, à gauche.
2階の、左だよ。

フランス語メモ

答えには、là-bas [ラ バ]「そこだよ」や、à gauche [ア ゴーシュ]「左」、à droite [ア ドロワット]「右」をよく使います。フランス語では、「2階」が「最初」の意味のpremier étage [プルミエ レタージュ]で、「1階」はrez-de-chaussée [レドショセ]です。

# Tu vas où ?

［チュ ヴァ ウ］

## どこに行くの？

電車の中で出会った友達。ペネロペの切符を見て、どこに行くの、だって。
「～に行く」は、je vais～［ジュ ヴェ］/ tu vas～［チュ ヴァ］(p.37) で、～
の部分をoù ?で聞くことができます。

ミニ会話

**Tu vas où ?**
どこに行くの？

**Je vais chez mes grands-parents.**
おじいちゃんおばあちゃんのおうちに行くの。

フランス語メモ

chez［シェ］(p.33)、mes grands-parents［メ グラン パラン］「わたしの祖父母」。ほ
かにもp.45で見たen France「フランスに」、à Paris「パリに」などの場所の表現
がいろいろ使えます。

99

# C'est combien ?

[ セ コン ビヤン ]

## これ、いくら?

これ欲しいな。いくら？　値段は、数や量を聞く疑問詞combienを使って聞くことができます。ほかにも、Ça coûte combien ? [サ クート コン ビヤン] や、合計金額ならÇa fait combien ? [サ フェ コン ビヤン] で聞けます。

ミニ会話

**Je voudrais ça. C'est combien ?**
これが欲しいな。これ、いくら？

フランス語メモ

**Ça coûte trois euros cinquante.**
これは、3 ユーロ 50 サンチームです。

フランスの通貨はeuro(s) [ウロ] とcentime(s) [サンティム] ですが、後者はeuro(s) の後ろに数字だけ言うことが多いです。je voudrais(p.43) は、ものを指して「これが欲しい」と言う時にも使えます。

# Il faut combien de temps ?

［ イル フォ コン ビヤンド タン ］

## どのくらい時間がかかるの？

車が渋滞で動かない！「時間が～かかる」は、「必要だ」の意味のil faut～や、ça fait～を使って言えます。combienの後ろにde＋名詞で、「どのくらいの～」と聞けます。temps［タン］はここでは「時間」です。

ミニ会話

**Il faut combien de temps pour rentrer ?**
家までどのくらいかかるかな？

**Il faut au moins une heure.**
少なくとも 1 時間はかかるね。

フランス語メモ

後ろにpour［プr］＋ 動詞をつけると、「～するために」という意味を加えられます。rentrer［ラントレ］は「（家に）帰る」です。時間にニュアンスを加えるには、au moins［オモワン］「少なくとも」や、environ［アンヴィロン］「約」が使えます。

# Quel temps fait-il aujourd'hui ?

[ ケル タン フェ ティル オ ジュル デュイ ]

## 今日の天気は何かな？

ペネロペはいろいろな天気の絵を描きました。今日の天気は何かな？　ここでのtempsは「天気」の意味で、「どの〜」を聞くquelと合わせて天気を聞けます。aujourd'hui［オ ジュル デュイ］は「今日」です。

ミニ会話

**Quel temps fait-il aujourd'hui ?**
今日の天気は何かな？

**Il fait beau.**
晴れだよ。

フランス語メモ

「天気が良い」はbonではなくIl fait beau.［イル フェ ボ］、「天気が悪い」はIl fait mauvais.［イル フェ モ ヴェ］です。他の天気はp.144、p.146、p.148を参照してください。

# Quel jour est-ce aujourd'hui ?

［ケル ジュー レス オ ジュル デュイ］

## 今日は何曜日？

カレンダーで曜日を覚えよう！　今日は何曜日かな？　これもquelを使って
聞くことができます。On est quel jour ?［オン ネ ケル ジュー r ］とも聞け、
c'est / on est＋曜日で答えます。

ミニ会話

**Quel jour est-ce aujourd'hui ?**
今日は何曜日？

**C'est dimanche.**
日曜日だよ。

フランス語メモ

dimanche ［ディ マーンシュ］は日曜日(他の曜日はp.56)。日付も合わせて言う時は、「（le
＋）曜日＋日＋月＋年」です。日付を聞く質問には、Le combien est-ce
aujourd'hui ?［ル コン ビヤン エス オ ジュル デュイ］などがあります。

# Comment allez-vous ?

［コ マン タ レ ヴ］

## 体調はどうですか？ / お元気ですか？

おじいちゃんおばあちゃんのおうちを訪問。2人に「元気だった？」「体調は
どう？」と聞いてみましょう。Ça va ?（p.22）でも聞けますが、「どう？」
と聞くcommentを使って、より丁寧な聞き方ができます。

ミニ会話

**Papi et mamie, comment allez-vous ?**
おじいちゃん、おばあちゃん、元気だった？

**Je vais bien, merci. Et toi ?**
元気だよ、ありがとう。ペネロペは？

フランス語メモ

tuには、Comment vas-tu ?［コマンヴァチュ］。je vais / tu vas / vous allezには、
「行く」以外に「調子が良い」という意味があり、Je vais bien.［ジュ ヴェ ビヤン］で「調
子がいい」となります。Ça va.のvaも、実は同じ動詞です（p.37）。

# Comment dit-on cela en français ?

［コ マン ディ トン スラ アン フラン セ］

## これ、フランス語でなんて言う？

commentはほかにも、名前を聞いたり (p.40)、「〜語でなんというか」と
聞いたりできます。cela「これ」の代わりに、英語や日本語の単語を入れ
て、Comment dit-on « Hello » en français ? と聞くこともできます。

ミニ会話

**Tu sais, comment dit-on cela en français ?**
ほら、これってフランス語で何て言うかな？

**Je sais. On dit « pomme » !**
知ってるよ。「ポム」だよ！

フランス語メモ

答える時は、On dit〜［オンディ］と言います。je sais［ジュ セ］やtu sais［チュ セ］
は「知っている」という意味ですが、ここでのTu sais ?は、「ねぇ、ほら」と相手
に呼びかけるための使い方です。

105

# Pourquoi tu pleures ?

[ プル コワ チュ プルー r ]

## なんで泣いているの?

ペネロペが泣いています。なんで？　理由を聞く時は、「なんで？」の意味の
pourquoiを使いましょう。ここではtu pleures「君が泣く」理由を聞いて
います。答えは、parce que [パルスク]「なぜなら」を使います。

ミニ会話

**Pénélope, pourquoi tu pleures ?**
ペネロペ、なんで泣いているんだい？

**Parce que je suis tombée.**
転んじゃったんだ。

フランス語記号

Parce que！だけで答えると、「理由は言えない、どうしても」という感じが出ます。ほかに
pourquoi を使った表現に、C'est pourquoi 〜. [セ プル コワ]「だから〜なんだ」や、
Pourquoi pas？[プル コワ パ]「(なぜダメなんだ？→) 悪くない、いいじゃない」があります。

106

# Ne pleure pas.

［ヌ　プルーr　パ］

## 泣かないで。

tu pleuresの主語tuを取って動詞だけにすると、命令形になります。その動詞が-es、-asで終わる場合、最後のsを取りますが、発音は変わりません。それをNe...pasで挟むと、「そうしないように」という否定命令になります。

ミニ会話

**Ça va ? Ne pleure pas.**
大丈夫？　泣かないで。

**J'ai eu peur !  Serrez-moi fort !**
怖かったよ！　ギュッてして！

フランス語メモ

J'ai eu peur. (p.69) は「怖かった」でも使えます。serrez [セレ] は「抱きしめる」という動詞serrerのvousに対する命令形で、moiは「自分を」なので、パパとママに「自分のことを抱きしめて」という意味になります。fort [フォーr] は「圖強く」という意味です。

# Veux-tu dessiner ?

［ ヴ チュ デ シ ネ ］

## 絵を描いてみてくれる？

お願いをするのに、「〜したい」のtu veux / vous voulezを疑問形にした、
Veux-tu〜？ / Voulez-vous〜？［ヴ レ ヴ］と言う方法もあります。「〜し
たい？」と聞いて、「〜してくれる？」というお願いの意味になるわけです。

ミニ会話

**Veux-tu dessiner avec ça ?**
これで絵を描いてみてくれる？

**Oui, avec plaisir !**
うん、喜んで！

フランス語メモ

plaisirは「男喜び」で、avec plaisir［アヴェックプレジーr］は「喜んで」です。ほかにも、
Oui, bien sûr.やJe veux bien.［ジュヴビヤン］「いいですよ」が使えます。できない時は、
Non, désolé(e).などや、Je ne veux pas.［ジュンヴパ］「嫌です」です。

108

# Tu peux m'aider ?

[ チュ プ メ デ ]

## 手伝ってくれる？

ペネロペは、鳥の巣箱を作りたいみたい。パパに手伝ってもらって作りましょう。同じく「〜してくれる？」と依頼する表現に、「〜できる」のtu peuxを使った表現があります。m'aiderは「わたしを手伝う」という意味です。

ミニ会話

**Tu peux m'aider ?**
手伝ってくれる？

**Oui, faisons-le ensemble.**
よし、一緒にやろう。

フランス語メモ

faisons [フゾン] は、faireのnous（私たち）に対する命令形で、これも「〜しよう」と誘う表現です。ensemble [アン サーンブル]「副一緒に」もよく一緒に使います。丁寧なお願いはPouvez-vous〜？[プヴェヴ] や、Pourriez-vous〜？[プリエヴ] です。

# Encore une fois, s'il te plaît.

[アン コー r ユン フォワ シル トゥ プレ]

## もう 1 回、お願い。

パパ、もう1回読んで！ そういう時は、encore「また」une fois「1回」と頼みましょう。「もし望むなら」という意味のs'il te plaîtやs'il vous plaît [シル ヴ プレ] をつけると、より丁寧な依頼文になります。

ミニ会話

**Papa, encore une fois, s'il te plaît.**
パパ、もう 1 回、お願い。

**D'accord.**
いいよ。

フランス語メモ

お店などでもよく使います。Un café, s'il vous plaît. [アン カフェ シル ヴ プレ] で「コーヒー1杯」、L'addition, s'il vous plaît. [ラディシオン シル ヴ プレ] で「お勘定」、タクシーでLa gare, s'il vous plaît. [ラ ガー r シル ヴ プレ] は「駅まで」とお願いできます。

110

# On y va !

［オ ニ ヴァ］

## さあ、行こう！

ロケットに乗って、さあ出発！「私たち」の意味のonを使っても、「〜しよう」と誘うことができます。y vaは、y aller「そこに行く」をonに合わせて活用した形です。

**On y va !**
さあ、行こう！

ミニ会話

**Oui, allons-y !**
うん、行こう！

フランス語メモ

Allons-y！［アロンジ］はy allerの「私たち」への命令形です。ほかにonを使った相手を誘う表現に、On commence？［オンコマーンス］「始める？」、On se tutoie？［オンス チュトワ］「（これからはvousでなく）tuで話さない？」などがあります。

111

数字は、日付（p.49）のように数字だけを言うときと、年齢（p.48）や値段（p.100）のように 数字 ＋ 名詞 の組み合わせで使うときで、少し発音が変わるものがあります。ここでは、それだけで読む場合と、後ろに「〜歳」の an(s) をつけた場合の発音を取り上げます。

| | | | | | | | |
|---|---|---|---|---|---|---|---|
| 1 | un<br>[アン] | un an<br>[アン ナン] | 11 | onze<br>[オーンズ] | onze ans<br>[オン ゾン] |
| 2 | deux<br>[ドゥ] | deux ans<br>[ドゥ ザン] | 12 | douze<br>[ドゥーズ] | douze ans<br>[ドゥー ザン] |
| 3 | trois<br>[トロワ] | trois ans<br>[トロワ ザン] | 13 | treize<br>[トレーズ] | treize ans<br>[トレ ザン] |
| 4 | quatre<br>[キャトル] | quatre ans<br>[キャトラン] | 14 | quatorze<br>[キャトルズ] | quatorze ans<br>[キャトルザン] |
| 5 | cinq<br>[サーンク] | cinq ans<br>[サン カン] | 15 | quinze<br>[キャーンズ] | quinze ans<br>[キャン ザン] |
| 6 | six<br>[シス] | six ans<br>[シ ザン] | 16 | seize<br>[セーズ] | seize ans<br>[セ ザン] |
| 7 | sept<br>[セット] | sept ans<br>[セ タン] | 17 | dix-sept<br>[ディ セット] | dix-sept ans<br>[ディ セタン] |
| 8 | huit<br>[ユイット] | huit ans<br>[ユイ タン] | 18 | dix-huit<br>[ディ ズュイット] | dix-huit ans<br>[ディズュイタン] |
| 9 | neuf<br>[ヌフ] | neuf ans<br>[ヌ ヴァン] | 19 | dix-neuf<br>[ディズ ヌフ] | dix-neuf ans<br>[ディズヌヴァン] |
| 10 | dix<br>[ディス] | dix ans<br>[ディ ザン] | 20 | vingt<br>[ヴァン] | vingt ans<br>[ヴァン タン] |

## 2 数字21〜1000

　21〜69は、17〜19と同じく端数を足して作ります。70〜79は60に10〜19を足して作り、80〜99は4×20に端数を足して作ります。ただし、21、31、41、51、61、71のみ、端数の足し方が違います。100以降は日本語のように組み合わせて作ります。

| | | | |
|---|---|---|---|
| 21 | vingt et un [ヴァン テ アン] | 80 | quatre-vingts [キャトル ヴァン] |
| 22 | vingt-deux [ヴァント ドゥ] | 81 | quatre-vingt-un [キャトル ヴァン アン] |
| 30 | trente [トラーント] | 90 | quatre-vingt-dix [キャトル ヴァン ディス] |
| 40 | quarante [キャ ラーント] | 100 | cent [サン] |
| 50 | cinquante [サンカーント] | 101 | cent un [サン アン] |
| 60 | soixante [ソワ サーント] | 200 | deux cents [ドゥ サン] |
| 70 | soixante-dix [ソワ サント ディス] | 202 | deux cent deux [ドゥ サン ドゥ] |
| 71 | soixante et onze [ソワ サンテ オーンズ] | 1000 | mille [ミル] |

chronique 5
# パリめぐり①

　p.128〜p.135では、ペネロペがパリを観光する様子を伝えています。ペネロペたちがめぐった場所をたどりつつ、パリを見てまわりましょう！

　まずはオペラ座の前で記念写真をパシャリ（p.129）。こちらは正式名称をオペラ・ガルニエといい、非常に豪華な内装でシャガールの天井画も有名です。パリにはもう1つ、オペラ・バスティーユがあるので、どちらのオペラ座のチケットを買ったのか、勘違いにはご注意を！

　次に見た古本屋さん（p.130）は、パリを横切るセーヌ川の両岸に並んでいます。古い本だけでなく、古い絵葉書やポスターなども売っているので、ここも観光客に人気のスポットです。アニメで描かれていたのは、北側の岸（右岸）の、パリ市庁舎を背中にしたあたり。セーヌ川に浮かぶシテ島とサン＝ルイ島が奥に見えます。シテ島はパリの街が最初に始まった場所で、現在はパリの1区です。パリは中心の1区から渦巻き状に20区まで区割りされており、シテ島は文字通りパリの中心と言えます。そこにあるノートルダム寺院は残念ながら2019年の火事で焼け落ちてしまいましたが、現在は2024年の再開を目指し修復中です。

　3つ目は、そこから少し北に行ったポンピドゥーセンター（p.131）。名前は昔の大統領ジョルジュ・ポンピドゥーからとっており、パイプを張り巡らせた特徴的な外観をしています。中には現代アートの美術館があります。パリの国立美術館は、基本的に19世紀初頭までの作品をルーブル美術館が所蔵し、19世紀の作品はオルセー美術館、20世紀の作品はポンピドゥーセンターに展示されています。パリにはほかにも興味深い美術や博物館がいっぱい！皆さんならどの美術館に行きますか？

# いつもの一日、特別な一日

# 第5章

毎日の生活や休みの日の活動に関する表現を覚えよう。
また、ペネロペたちと一緒にパリ観光を楽しもう。

# Je vais à l'école maternelle.

[ ジュ ヴェ ア レ コール マ テル ネル ]

## 幼稚園に行くよ。

ペネロペは毎朝、幼稚園に行くよ。高校へ行くならau lycée [オリセ]、大学はà l'université [アリュニヴェルシテ]、仕事の場合は、au travail [オトラヴァイユ] 「仕事に」や、au bureau [オビュロ] 「仕事場に」です。

ミニ会話

**Je vais à l'école maternelle.**
幼稚園に行くよ。

**Moi, je travaille à la maison.**
パパはお家で仕事しているよ。

フランス語メモ

家で仕事をするならJe travaille à la maison. [ジュトラヴァイユアラメゾン]、単に家にいて出かけないと言うなら、Je reste à la maison. [ジュレスタラメゾン] です。le matin [ルマタン] 「朝に」など、1日の時間帯(p.57)を言うこともできます。

# J'arrive à l'école.

[ジャ リー ヴァ レ コール]

## 幼稚園についたよ。

幼稚園に到着！　元気にあいさつしよう！　過去形のje suis arrivé(e)
[ジュ スュイ サリ ヴェ]「～についた」もありますが、到着したその時は、
j'arrive～[ジャ リーヴ]「～につく」を使います。

ミニ会話

> **J'arrive à l'école ! Salut, Lili-Rose !**
> 幼稚園についた！　やあ、リリーローズ！

> **Salut, Pénélope ! Tu arrives à l'heure.**
> やあ、ペネロペ！　時間通りだね。

フランス語メモ

à l'heure [アルーr]「時間通り」、en retard [アン ルターr]「遅刻して」、en avance [アンナ
ヴァーンス]「時間より早く」です。また、だれかに呼ばれた時、J'arrive (tout de suite) !
[ジャ リーヴ (トゥードゥ スユイット)] と言うと、「すぐ行くよ！」という意味になります。

117

# Je fais la sieste.

［ジュ フェ ラ シエスト］

## お昼寝するよ。

ペネロペは幼稚園でお昼寝。そういう時は、スポーツなど (p.55) と同じく、p.92でも見た「〜する」という動詞faire ［フェーr］を使い、Je fais la sieste.と言います。

ミニ会話

> **Pénélope, tu dors un peu ?**
> ペネロペ、ちょっと寝る？

> **Oui, je fais la sieste.**
> うん、お昼寝するよ。

フランス語メモ

je dors ［ジュ ドーr］/ tu dors ［チュ ドーr］は、「寝ている」という状態を言い、「眠りにつく」という行為を言うにはje m'endors ［ジュ マンドーr］や、je me couche ［ジュ ム クーシュ］ (p.64) と言います。

# On fait les courses.

［ オ ン　フェ　レ　クルス ］

## 買い物をするよ。

ペネロペはママとお買い物。日用品や食べ物の買い物はfaire les courses、
洋服などの買い物はfaire les magasins［フェーr レ マ ガ サン］と言いま
す。ここでのon faitは、「私たちは〜する」の意味です。

ミニ会話

> **Qu'est-ce qu'on fait, maman ?**
> ママ、何をするの？

> **On fait les courses.**
> 買い物をするのよ。

フランス語メモ

他の家事は、faire la cuisine［フェーr ラ キュイ ジーヌ］「料理をする」、faire le
ménage［フェーr ル メナージュ］「掃除をする」と言います。faireは、je fais［ジュ フェ］
とon fait［オン フェ］でつづりは違いますが、発音は同じです (p.37)。

# Je prends le bus.

[ ジュ　プランル　ビュス ]

## バスに乗るよ。

ペネロペたちは、バスに乗ってお出かけ。乗り物に乗る時は、je prends
[ジュ プラン] を使います。電車はle train [ル トラン]、地下鉄はle métro
[ル メトロ]、車はla voiture [ラ ヴォワ チュー r] です。

ミニ会話

> **Je prends le bus. Mais pourquoi ?**
> バスに乗るよ。でもなんでだっけ？

> **On va au parc en bus.**
> バスに乗って公園に行くのよ。

フランス語メモ

on va [オン ヴァ] はje vaisの主語をonにした形です。au parc [オ パルク] で「公園に」。
「〜に乗って」 はen bus [アン ビュス] やen train [アントラン] のようにenを使います。
またがって乗るものにはà vélo [ア ヴェロ]「自転車に」のようにàを使います。

120

# On prend le déjeuner.

［オン プランル デ ジュ ネ］

## お昼ご飯を食べるよ。

ペネロペはパパとママとお昼ご飯。「〜ご飯を食べる」と言う時も左ページの
「乗る」と同じ、je prends や on prend を使えます。朝ご飯は le petit-
déjeuner［ル プティ デジュ ネ］、晩ご飯は le dîner［ル ディ ネ］です。

ミニ会話

**On prend le déjeuner !**
お昼ご飯を食べよう！

**Qu'est-ce qu'on mange ?**
何を食べようか？

フランス語メモ

「〜を食べる」は je mange［ジュ マンジュ］(p.97)、「〜を飲む」は je bois［ジュ ボワ］
ですが、je prends でも言えます。Je prends du pain.［ジュ プラン デュパン］「パン
を食べる」、Je prends du café.［ジュ プラン デュキャ フェ］「コーヒーを飲む」などです。

121

# Je prends mon bain.

［ ジュ プラン モン バン ］

## お風呂に入るよ。

ひとりでお風呂に入るペネロペ。こういう時にも、je prendsを使えます。
Je prends un bain.［ジュ プラン アン バン］とも言えますが、「私の」の意
味のmonを使うと、いつもの習慣という意味になります。

ミニ会話

**Tu prends ton bain avec ta mère ?**
お母さんと一緒にお風呂に入るの？

**Non, je prends mon bain seule.**
ううん、ひとりで入るよ。

フランス語メモ

「シャワーを浴びる」は、Je prends une douche.［ジュ プラン ユン ドゥーシュ］です。
ほかにもje prendsは、「手に取る、つかむ」や、「身につける、着る」、「捕まえる」
など、さまざまな意味に使うことができます。

# Je me lave la figure.

[ ジュム ラーヴ ラ フィ ギューr ]

## お顔を洗うよ。

ペネロペ、お顔を洗っていますね。Je me lave.は、「自分自身を洗う」とい
う、フランス語に特徴的な代名動詞という形です。後ろにla figureをつけれ
ば顔を、les mains [レ マン] をつければ両手を洗うことになります。

ミニ会話

**Pénélope, tu te laves seule ?**
ペネロペ、ひとりで洗えるかい？

**Oui, maintenant je me lave la figure.**
うん、いま、お顔を洗ってるよ。

フランス語メモ

相手に対してはmeがteに変わり、tu te laves〜 [チュトゥ ラーヴ] です。代名動詞は、
je m'appelle / tu t'appelles(p.40)のように、主語と動詞の間の単語が主語に応じ
て形を変えます。ですが、まずは表現として、出てきたものを覚えましょう。

123

# On se promène tous ensemble.

[ オンス　プロ　メーヌ　トゥー　サン　サンブル ]

## みんなでお散歩するよ。

家族みんなでお散歩！　「散歩する」という意味の動詞も代名動詞で、主語がonの場合はseを使います。他の主語では、je me promène [ジュム プロ メーヌ] / tu te promènes [チュトゥ プロ メーヌ] です。

ミニ会話

> **On se promène tous ensemble.**
> みんなでお散歩するよ。

> **Pénélope, fais attention !**
> ペネロペ、気をつけて！

フランス語メモ

tous [トゥス] は「代全員」で、tous ensembleで「みんな一緒に」となります。代名動詞にはほかにも、je m'habille [ジュ マ ビイユ]「服を着替える」、je me réveille [ジュ ム レ ヴェイユ]「目が覚める」、je m'intéresse (p.54) などがあります。

124

# On va faire un pique-nique.

［オン ヴァ フェー ラン ピック ニック］

## ピクニックをしよう。

ペネロペたちは、ピクニックの予定を立てています。近い未来にする予定は、
「行く」という意味でも使ったje vaisやon vaの後に動詞をつけて言います。
提案や軽い命令の意味になることもあります。未来の表現はp.57参照。

ミニ会話

**Demain, on va faire un pique-nique.**
あした、ピクニックをしよう。

**C'est une bonne idée.**
良い考えだね。

フランス語メモ

同様の近い未来の表現に、Je vais essayer. ［ジュ ヴェ エセイエ］「試してみるね」や、
Je vais réfléchir. ［ジュ ヴェ レ フレ シー r］「（買わずに店を出る時）また考えます」など
があります。C'est une bonne idée. ［セ チュン ボ ニ デ］ は賛成する時の返事です (p.72)。

# J'ai échoué.

［ジェ エ シュ エ］

## 失敗しちゃった。

ペネロペはうっかりやさん。失敗することもよくあります。そんな時は、
J'ai échoué.やJ'ai raté.［ジェ ラ テ］と言います。ここでのj'aiは「〜し
た」という過去形の一部なので、「持っている」という意味はありません。

ミニ会話

> **J'ai échoué.**
> 失敗しちゃった。

> **Ne te décourage pas, Pénélope.**
> がっかりしないで、ペネロペ。

「がっかりしないで」は、Ne te décourage pas.［ヌ トゥ デ クラージュ パ］(p.66)。励
まされて成功したら、Ça y est !(p.73) や、やはり過去形を使ったJ'ai réussi !［ジ
ェ レ ユ シ］「成功した！」やJ'ai gagné !［ジェ ガ ニェ］「勝った！」と言いましょう。

# Je me suis trompée.

［ジュム スュイ トロン ベ］

## 間違えちゃった。

ペネロペ、カバンの代わりにゴミ袋を持って来ちゃった。「間違えちゃった」
と思った時はJe me suis trompé(e).と言います。代名動詞の過去形はje
me suisやtu t'es［チュ テ］、on s'est［オン セ］で始めます（p.137）。

ミニ会話

**Pénélope, qu'est-ce que tu as ?**
ペネロペ、何持ってるの？

**Je me suis trompée !**
間違えちゃった！

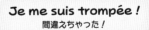

フランス語メモ

Qu'est-ce que tu as ?［ケスクチュア］はここでは「何を持っているの？」という意味です
が、そこから「君に何があったの？」「どうしたの？」という意味でも使えます。je me
suis trompé(e) の後にde rue［ドゥ リュ］をつけると道を間違えたという意味になります。

# J'ai fait du tourisme à Paris.

［ ジェ フェ デュ トゥ リスム ア パ リ ］

## パリ観光をしたよ。

ペネロペは、いとこたちとパリ観光に行きました。ここからは、パリの思い出を過去形で語ってみましょう。「観光する」はfaire du tourisme［フェー r デュトゥー リスム］で、その過去形はj'ai fait〜を使います。

ミニ会話

**Qu'est-ce que tu as fait la semaine dernière ?**
先週、何をしたの？

**J'ai fait du tourisme à Paris.**
パリ観光をしたよ。

フランス語メモ

過去の時を表す表現には、hier［イエー r］「昨日」、la semaine dernière［ラスメーヌ デル ニエー r］「先週」、le mois dernier［ル モワ デル ニエ］「先月」、l'année dernière［ラネデル ニエー r］「去年」などがあります。

# On est allées à l'Opéra.

[ オ ン ネ タ レ ア ロ ペ ラ ]

## オペラ座に行ったよ。

まずはオペラ座の前で記念写真をパシャリ！ je vaisやon vaの過去形の「～に行った」は、j'ai / on aではなく、je suis / on estを使って、je suis allé(e) ［ジュ スュイ サレ］、on est allé(e)(s) ［オン ネ タ レ］と言います。

ミニ会話

> **D'abord, tu es allée où ?**
> まず、どこに行ったの？

> **On est allées à l'Opéra.**
> オペラ座に行ったよ。

フランス語メモ

主語がtuの時は、tu es allé(e) ［チュ エ ア レ］になります。この、je suis / tu es / on estの後の単語は、Je suis français(e). (p.41) などと同じく主語が女性ならばeをつけ、さらにonが複数人ならばsもつけます (p.137)。

# Il y avait beaucoup de livres.

［ イ リ ヤ ヴェ ボ ク ドゥ リーヴル ］

## 本がたくさんあったよ。

セーヌ川沿いの古本屋さんに来たペネロペたち。本がいっぱいでびっくり！
「〜があった」と言う時は、il y a〜の過去形のil y avaitを使います。
beaucoup de〜は「たくさんの」、livre(s) は「男本」です。

ミニ会話

> **Il y avait beaucoup de livres.**
> **C'était très amusant !**
> 本がたくさんあったよ。
> とってもおもしろかった！

フランス語メモ

C'est amusant.を「おもしろかった」と過去形にすると、C'était amusant. ［セテ
アミューサン］になります。このil y avaitとc'étaitは、pp.126-129とは違う作り方の、
半過去という過去形です (p.136)。まずはよく使うこの2つの表現を覚えましょう。

130

# J'ai vu le centre Pompidou.

[ ジェ ヴュ ル サン トル ポン ピ ドゥ ]

## ポンピドゥーセンターを見たよ。

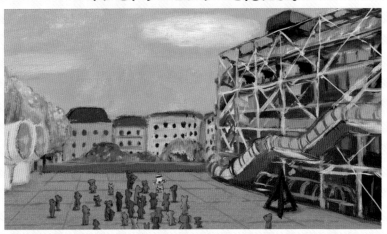

ペネロペたち、ポンピドゥーセンターにもやってきました。「～を見た」は
j'ai vu～を使います。同じく「～に会った」の意味でも使え、J'ai vu
Césarine. で「セザリーヌに会った」です。

ミニ会話

> **J'ai vu le centre Pompidou.**
> **Là-bas, il y avait beaucoup de gens.**
> ポンピドゥーセンターも見たよ。
> そこには人がいっぱいいたよ。

フランス語メモ

là-basは「そこに」、gens [ジャン] は「人々」です。beaucoup de～と関連した表現
に、un peu de～ [アン プドゥ]「少しの～」、peu de～ [プドゥ]「わずかな～」、trop
de～ [トロ ドゥ]「多すぎる～」、assez de～ [アッセ ドゥ]「十分な～」などがあります。

131

# On a pris le bateau.

［オン ナ プリル バ ト］

## 船に乗ったよ。

みんなでセーヌ川の遊覧船に乗りました。「船に乗る」はp.120と同じくJe prends le bateau. ［ジュ プランル バ ト］で、過去形になるとJ'ai pris le bateau. ［ジェ プリル バ ト］や、On a pris le bateau.になります。

ミニ会話

**Et qu'est-ce que tu as fait ensuite ?**
それで、次は何をしたの？

**Puis, on a pris le bateau !**
次は船に乗ったよ！

フランス語メモ

ensuite［アン スュイット］は「次に」という意味で、p.129の会話で使ったd'abord「最初に」やenfin［アン ファン］「最後に」と合わせて順番を表せます。puis［ピュイ］も「次に」という意味ですが、文の最後には使えません。

# J'ai trouvé des macarons.

104

track 104

[ ジェ トゥル ヴェ デ マ カ ロン ]

## マカロンを見つけたよ。

あっ、マカロンみっけ！「〜を見つける」は je trouve［ジュ トゥルーヴ］、
「〜を見つけた」は j'ai trouvé［ジェ トゥル ヴェ］です。dans une pâtisserie
［ダン ジュン パ ティス リ］で「ケーキ屋さんで」です。

ミニ会話

> **J'ai trouvé des macarons dans
> une pâtisserie. C'était très bon !**
> ケーキ屋さんでマカロンを見つけたよ。とってもおいしかった！

フランス語メモ

お店屋さんの名前は、une boulangerie［ユン ブ ランジュリ］「パン屋さん」、une
chocolaterie［ユンショコラットリ］「チョコ屋さん」、une boucherie［ユン ブーシュリ］「肉
屋さん」、un supermarché［アン シュ ペール マルシェ］「スーパーマーケット」などです。

133

# On s'est reposés dans un café.

[オン セ ル ポ ゼ ダン ザン カ フェ]

## カフェで一休みしたよ。

最後はカフェで一休み。「一休みする」は、Je me repose. [ジュ ム ル ポーズ] / On se repose. [オン ス ル ポーズ]、「〜した」は、Je me suis reposé(e). [ジュ ム スュイ ル ポ ゼ] / On s'est reposé(e)(s).です。

ミニ会話

**Qu'est-ce que tu as fait enfin ?**
最後には何をしたの？

**On s'est reposés dans un café.**
カフェで一休みしたよ。

フランス語メモ

un caféのほか、un restaurant [アン レストラン]「レストラン」、un salon de thé [アン サ ロン ドゥ テ]「お茶屋さん」、un bistro [アン ビストロ]「食堂、居酒屋」、un bar [アン バー r]「バー」、そしてun hôtel [アン ノ テル]「ホテル」などで一休みできます。

# J'ai mangé un croque-monsieur.

[ ジェ マン ジェ アン クロック ム シゥ ]

## クロックムッシュを食べたよ。

カフェではクロックムッシュ（p.86コラム参照）を頼みました。「〜を食べた」はj'ai mangé〜 [ジェ マン ジェ]、「〜を飲んだ」はj'ai bu〜 [ジェ ビュ] です。j'ai pris〜 [ジェ プリ] とも言えます。

ミニ会話

> **J'ai mangé un croque-monsieur.**
> **C'était une très bonne journée !**
> わたしはクロックムッシュを食べたよ。
> とってもいい一日だったよ！

フランス語メモ

C'était une très bonne journée ! [セテチュントレ ボンヌ ジュルネ] は「とても良い一日だった」、C'était une journée excitante / fatigante. [セテチュン ジュルネ エクシタント / ファティガント] で「興奮する / 疲れる一日だった」です。

135

# 過 去 形

---
## 1　フランス語の過去形
---

　5章の後半で見たように、フランス語には複数の過去形の作り方があります。p.126などで見たj'ai～やje suis～などで始まる形は、助動詞（aiやsuis）と過去分詞（p.126ならばéchoué）を組み合わせるので複合過去形といい、主に「過去にしたこと、起こったこと」を表します。それに対し、p.130に出てきたil y avaitやc'étaitといった半過去形は、「過去のある時点における状態や状況」を表します。以下の例は、それぞれ前半が複合過去（したこと）で、後半が半過去（その時の状況）です。最後のon étaitはon estの半過去形です。

【例】
Je suis allée à l'Opéra. Il y avait beaucoup de gens.
オペラ座に行ったよ。たくさんの人がいたよ。


J'ai mangé des macarons. C'était très bon.
マカロンを食べたよ。とっても美味しかったよ。


On s'est reposés dans un café, parce qu'on était fatigués.
カフェで一休みしたよ、だって疲れていたから。

## 2 複合過去形の活用の例

　複合過去形の助動詞は、ごく少数の動詞（allerやarriverなど）にはje suis～を使い、それ以外にはすべてj'ai～を使います。ただし、代名動詞については常にje me suis～です。過去分詞は動詞ごとに1つに決まっていますが、je suisの場合は主語の性数によってeやsをつけます。それぞれ1つずつ、je、tu、on、vousの活用を見てみましょう。

| « aller » [ア レ] (p.129) | « faire » [フェーr] (p.128) |
|---|---|
| je suis allé(e) [ジュ スュイ ザ レ] | j'ai fait [ジェ フェ] |
| tu es allé(e) [チュ エ ア レ] | tu as fait [チュ ア フェ] |
| on est allé(e)(s) [オン ネ タ レ] | on a fait [オン ナ フェ] |
| vous êtes allé(e)(s) [ヴゼット ザ レ] | vous avez fait [ヴ ザ ヴェ フェ] |

| « se reposer » [ス ル ポ ゼ] (p.134) |
|---|
| je me suis reposé(e) [ジュ ム スュイ ル ポ ゼ] |
| tu t'es reposé(e) [チュ テ ル ポ ゼ] |
| on s'est reposé(e)(s) [オン セ ル ポ ゼ] |
| vous vous êtes reposé(e)(s) [ヴ ヴ ゼット ル ポ ゼ] |

chronique 6

# パリめぐり②

　後半はまず、セーヌ川の遊覧船（p.132）。p.128の絵でペネロペたちが乗り込んだのは、シテ島の西端です。向こうに見える橋はポンヌフ（pont neuf）。このヌフは9ではなく「新しい」という意味なのですが、今ではパリ最古の橋になりました。さまざまな趣向が凝らされた橋も、パリの見所の一つです。奥には、マリー・アントワネットが投獄されていたコンシェルジュリーらしき屋根も見えますね。美しいステンドグラスが有名なサント・シャペルもすぐそばです。

　その後ペネロペたちは、ケーキ屋さんでマカロンを見つけます（p.133）。パリのマカロンといえば、日本でも知られた老舗のパティスリー「ラデュレ」や「ピエール・エルメ」が有名ですね。色とりどりのマカロン、とっても美味しそう。最後は、エッフェル塔の見えるカフェ（p.45、p.134）で一休み。エッフェル塔の名前は設計者のギュスターヴ・エッフェルから来ているって、知っていましたか？　1889年のパリ万国博覧会に合わせて建設され、当時はパリの景観を壊すと不評でしたが、今では言わずと知れたパリのシンボルです。一番高い展望台は276m。パリを見渡せます。

　ほかにもペネロペたちは、シャンゼリゼ通りにも行きました（p.44）。奥に見えるのはエトワール凱旋門。シャンゼリゼ通りは、凱旋門からコンコルド広場を経て、チュイルリー庭園を通り、ピンク色のカルーゼル凱旋門をくぐってルーブル美術館まで達する、パリのメインストリートです。特に夜は並木がライトアップされ、とてもきれいです。皆さんもこんなパリ観光、してみませんか？

# 一年のイベント

# 第6章

毎年の楽しいイベントや
季節に関する表現を覚えよう。

# Bonne année !

［ ボ ナ ネ ］

## あけましておめでとう！

年が明けて、最初のあいさつはBonne année ！ それに、年末に最後に別れる時のあいさつもBonne année ！「あなたの新年が良い年になりますように」と思った時に使えます。

ミニ会話

**Bonne année à tous !**
**Je vous souhaite une très bonne année !**
みんなにあけましておめでとう！
みんな、とっても良い年になりますように！

フランス語メモ

à tous ［アトゥース］は「みんなに」です。je vous souhaite ［ジュヴスエット］やje te souhaite ［ジュトゥスエット］は、相手に「〜を望む、〜になりますように」と言う表現で、こういう時によく使います。Meilleurs vœux !［メイユーrヴ］という決まり文句もあります。

# Joyeux anniversaire !

［ ジョワ イユ ザ ニ ヴェル セー r ］

## 誕生日おめでとう！

ペネロペ、誕生日おめでとう！　お誕生日の日には、Joyeux anniversaire !
やBon anniversaire !［ ボ ナ ニ ヴェル セー r ］と言ってお祝いします。誕生
日の聞き方、言い方はp.49です。

ミニ会話

**Joyeux anniversaire, Pénélope !**
ペネロペ、誕生日おめでとう！

**Merci, Lili-Rose ! Je suis très contente.**
ありがとうリリーローズ。とってもうれしいな。

フランス語メモ

「誕生日ケーキ」はle gâteau d'anniversaire［ ル ガトー ダ ニ ヴェルセー r ］、「誕生日
プレゼント」はle cadeau d'anniversaire［ ル カ ドー ダ ニ ヴェル セー r ］です。
anniversaireは「記念日」の意味もあります。

# Le Carnaval a lieu en février.

[ル カ ル ナ ヴァ ル ア リ ウ アン フェ ヴリ イエ]

## カーニバルは 2 月にあるよ。

ペネロペたちはみんなでカーニバルの行進。フランスでは2月にカーニバル
があります。「〜が行われる」は〜a lieuで言うことができます。また、「〜
月に」はen＋月の名前で言います。

ミニ会話

Le Carnaval a lieu en février.
J'adore le Carnaval.
カーニバルは 2 月にあるよ。
わたし、カーニバルだーい好き。

フランス語メモ

月の名前はp.56の語彙のページを参照してください。ただし、4月、8月、10月は「〜
月に」のenがつくと前とつなげて、en avril [アン ナヴリル]、en août [アン ヌ(ツト)]、
en octobre [アン ノクトブル] と読みます。

# Au printemps, il y a des fleurs.

［オ プラン タン イ リヤ デ フルー r］

## 春にはお花が咲くね。

春はお花の季節。ペネロペもお花が大好きです。「春」という単語はprintemps
で、「春は」は、au printempsです。fleur(s) は「女花」で、fleurir［フル
リー r］「花が咲く」という動詞もあります。

ミニ会話

> **Au printemps, il y a des fleurs.**
> **J'adore les fleurs et le printemps !**
> 春にはお花が咲くね。
> わたし、お花も春もだーい好き！

フランス語メモ

他の季節はl'été［レテ］「夏」、l'automne［ロトンヌ］「秋」、l'hiver［リヴェー r］「冬」
です。「〜に」と言う時は、この後見るように3つともenをつけます。好きな季節(saison)
を聞く時は、Tu aimes quelle saison ?［チュ エム ケル セゾン］などと聞けます。

143

# En été, il fait chaud.

［アン ネ テ イル フェ ショ］

## 夏は暑いね。

夏はとっても暑い！　天候を言うのは、p.102と同じil faitを使います。Il fait chaud.は「暑い」、Il fait froid.［イル フェ フロワ］が「寒い」です。このil は仮に置かれた主語で、意味はありません。

ミニ会話

**Papa, il fait froid en été ?**
パパ、夏って寒いの？

**Non, en été, il fait chaud.**
ううん、夏は暑いよ。

フランス語メモ

同じchaudとfroidを使う表現に、J'ai chaud.［ジェ ショ］/ J'ai froid.［ジェ フロワ］ があります。こちらは天候ではなく、「自分が暑い / 寒いと感じる」という意味です。 例えば、夏でもクーラーの効いた部屋でJ'ai froid.と言うことができます。

# Il faut un maillot.

［イル　フォ　アン　マ　イヨ］

## 水着が必要だよ。

海に行くのに、何が必要かな？　あっ、水着だ！　「〜が必要だ」は、p.101
でも見た il faut〜を使います。この il も意味のない仮の主語で、〜の部分は
qu'est-ce qu'il faut［ケス キル フォ］で聞けます。maillot「男 水着」

ミニ会話

> **Qu'est-ce qu'il faut pour aller à la mer ?**
> 海に行くのに、何が必要かな？

> **Il faut un maillot. Il ne faut pas oublier ça.**
> 水着が必要だよ。忘れないでね。

**フランス語メモ**

oublier［ウブリィエ］は「忘れる」という動詞です。il faut の後に動詞が来ると「〜す
べき」となり、il ne faut pas［イル ヌ フォ パ］＋動詞で「〜すべきでない、してはいけ
ない」です。pour aller à la mer［プラ レア ラ メーr］で「海に行くために」（p.101）。

# En automne, il pleut souvent.

［アン ノ トンヌ イル プル スー ヴァン］

## 秋にはよく雨が降るよ。

お外は雨。フランスでは秋は雨の季節です。「雨が降る」は、やはり意味のない主語ilを使って、Il pleut.と言います。頻繁ならIl pleut souvent.で、量が多ければIl pleut beaucoup.［イル プル ボク］です。

ミニ会話

**Quel temps fait-il en automne ?**
秋はどんな天気？

**En automne, il pleut souvent.**
秋にはよく雨が降るよ。

フランス語メモ

「曇り」はIl y a des nuages.［イリヤ デ ニュアージュ］やIl fait nuageux.［イル フェ ニュアジュ］です。他に、Il fait bon.［イル フェ ボン］「心地よい気候」、Il fait frais.［イル フェ フレ］「涼しい」、Il fait humide.［イル フェ ユミッド］「蒸している」などが言えます。

146

# Des bonbons ou un sort !

［デ ボン ボン ウ アン ソーr］

## トリックオアトリート！

ペネロペたちはハロウィンの仮装中。決まり文句は、Des bonbons ou un sort !　bonbon(s) は「アメなどのお菓子」、un sortは「呪い」の意味で、間のouはA ou Bで「AかBか」という意味になります。

ミニ会話

**Des bonbons ou un sort !**
トリックオアトリート！

**J'ai peur ! Je vous donne des bonbons !**
怖い！　お菓子をあげちゃう！

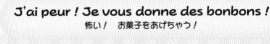

フランス語メモ

je te donne ［ジュトゥ ドンヌ］ / je vous donne ［ジュヴ ドンヌ］で「〜をあげる」。ou は、Tu prends un café ou un thé ?［チュ プラン アン カフェ ウ アン テ］「コーヒーと紅茶どっちにする？」などの質問にも使えます。

147

# En hiver, il neige beaucoup.

［アン ニ ヴェーr イル ネージュ ボク］

## 冬にはたくさん雪が降る。

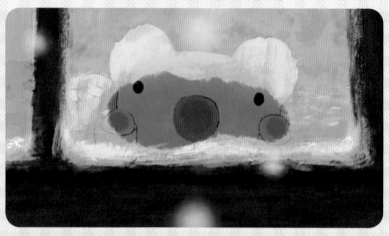

窓から外を見ると、雪が降ってる！「雪が降る」は、やはりilを使って、Il neige.と言います。朝起きて、今は降っていないけれど積もっていたら、過去形を使ってIl a neigé.［イ ラ ネジェ］です。

ミニ会話

**En hiver, il neige beaucoup,
parce qu'il fait froid.**
冬にはたくさん雪が降るよ。寒いからね。

フランス語メモ

parce que ［パルスク］は、pourquoi ?への答え (p.106) としても使えますが、理由説明にも使えます。後ろが母音字の時はつながって、parce qu'il ［パルス キル］となります。

# On fait du patin.

［オン フェ デュ パ タン］

## スケートをしよう。

冬はお友達とスケートをしよう。「スケートをする」はfaire du patinです。
スキーならfaire du ski［フェーr デュ スキ］、そり遊びならfaire de la luge
［フェーr ドゥ ラ リュージュ］と言います。

**On fait du patin.**
スケートをしよう。

ミニ会話

**Génial !**
いいね！

フランス語メモ

他のスポーツ：faire du foot［フェーr デュ フット］「サッカーをする」、～du tennis［～デ
ュ テニス］「テニス」、～du rugby［～デュ リュグビ］「ラグビー」、～de la natation［～ド
ゥ ラ ナタ シオン］「水泳」など。

# Joyeux Noël !

［ジョワ イユ ノ エル］

## メリークリスマス!

幼稚園でみんなとクリスマスツリーの飾り付け。上手にできてうれしそう。
クリスマスはNoël［ノ エル］で、お祝いする言葉はJoyeux Noël !や、最近
はBonnes fêtes !［ボンヌ フェット］もよく使います。

ミニ会話

**Joyeux Noël !**
メリークリスマス!

**C'est beau, ce sapin de Noël !**
このクリスマスツリー、ステキ!

フランス語メモ

クリスマスツリーは、arbre de Noël［アルブル ドゥ ノ エル］やsapin de Noël［サ バン
ドゥ ノ エル］と言います。ce［ス］は「この〜」の意味 (p.54) で、p.95の会話と同じく、
3章で見たc'est〜の表現の前や後につけて言うことができます。

# Je prépare le réveillon de Noël.

［ ジュ プレ パー r ル レ ヴェ イヨン ドゥ ノ エル ］

## クリスマスパーティーの準備をしよう。

いよいよ明日はクリスマス。イブの今日は親戚みんなでパーティー！　クリスマスイブやイブのパーティーをle réveillon de Noëlと言います。je prépare～で「～の準備をする」です。

ミニ会話

**Pénélope, tu peux m'aider ?**
ペネロペ、手伝ってくれるかい？

**Oui, je prépare le réveillon de Noël.**
うん、わたし、クリスマスパーティーの準備をするよ。

フランス語メモ

je prépareはほかにも、～le dîner［ル ディネ］「夕食を準備する」、～le café［ル カフェ］「コーヒーを淹れる」、～le lit［ル リ］「ベッドメイキングをする」、～le voyage［ル ヴォワイヤージュ］「旅行の準備をする」など、さまざまな単語と使えます。

151

# 119

track 119

# Voici le cadeau de Noël !

[ ヴォワ シ ル カ ド ドゥ ノ エル ]

## クリスマスプレゼントだよ！

夢の中でサンタさん (Père Noël [ペール ノ エル]) になってプレゼントを届けるペネロペ。クリスマスプレゼントはle cadeau de Noël、pour toi [プr トワ] をつけると「君に、君のために」です。voiciはp.65参照。

ミニ会話

> *Joyeux Noël ! Voici le cadeau*
> *de Noël pour toi !*
> メリークリスマス！ 君にプレゼントだよ！

フランス語メモ

他のクリスマス関連単語には、marché de Noël [マル シェ ドゥ ノ エル]「クリスマスマーケット」、bûche de Noël [ビュッシュ ドゥ ノ エル]「(薪の形の)クリスマスケーキ」、carte de Noël [カルトゥ ドゥ ノ エル]「クリスマスカード」などがあります。

152

# Passez de bonnes fêtes !

[ パッ セドゥ ボンヌ フェット ]

## すてきなクリスマス休暇を！

クリスマスが終われば、いよいよ今年もおしまい！ 年の最後は、Passez de bonnes fêtes ! や、tuで話す相手1人ならPasse de bonnes fêtes ! [パッス ドゥ ボンヌ フェット] と言ってお別れします。

**Passez de bonnes fêtes !**
すてきなクリスマス休暇を過ごしてね！

ミニ会話

**Bonnes fêtes de fin d'année !**
すてきな年末を！

フランス語メモ

passer〜で「〜を過ごす」という意味で、passezはvousに対する、passeはtuに対する命令形です。finは「囡最後」で、fin d'annéeで「年末」です。あわせてPassez de bonnes fêtes de fin d'année !とも言えます。

153

## Alphabet [アルファベ]

| | | | | | |
|---|---|---|---|---|---|
| A a | B b | C c | D d | E e | F f |
| [ア] | [ベ] | [セ] | [デ] | [ウ] | [エフ] |
| G g | H h | I i | J j | K k | L l |
| [ジェ] | [アッシュ] | [イ] | [ジ] | [カ] | [エル] |
| M m | N n | O o | P p | Q q | R r |
| [エム] | [エヌ] | [オ] | [ペ] | [キュ] | [エーr] |
| S s | T t | U u | V v | W w | |
| [エス] | [テ] | [ユ] | [ヴェ] | [ドゥブルヴェ] | |
| X x | Y y | Z z | | | |
| [イクス] | [イグレック] | [ゼッド] | | | |

# つづり字記号

## Éé

[ウ アクサン テギュ]

## Èè

[ウ アクサン グラーヴ]

## Àà

[ア アクサン グラーヴ]

## Êê

[ウ アクサン シルコン フレックス]

## Îî

[イ アクサン シルコン フレックス]

## Çç

[セ セ ディーユ]

## ポイント

❶Bが英語では［ビー］、フランス語では［ベ］になるように、［イ］で終わる音は［エ］で終わる音に変わります。

❷GとJが英語と逆に思えますが、J［ジ］はI［イ］の仲間だ、と覚えましょう。

❸Wは、英語では「2つのU」という意味ですが、フランス語では「2つのV」という意味になります。

❹Yは、「ギリシャ語の（［グレック］）I（［イ］）」という意味です。

❺つづり字記号のうち、アクサンテギュがつくのはeだけです。アクサングラーヴとアクサンシルコンフレックスは、他の母音字にもつきます。子音字につくものはçだけです。

# 発音のポイント

この本では、フランス語に読みがなをふってあるので、基本的にはそれを見ながら音声を聴き、マネをしてみましょう。上手にマネするためのポイントは以下の3点です。

## ❶音の数をマネしましょう！

読みがなには、間に半角スペースが空いています。これは「音節」（音のかたまり）の区切りです。例えば、Pénélope［ペ ネ ロップ］は、単純にカタカナで読むと4つの音でできているように思いますが、フランス語で発音する時は「ペ」「ネ」「ロップ」の3つのかたまりで発音するということです。切り方を見て、音の数を意識してマネしてみてください。

## ❷最後のかたまりに力を入れましょう！

フランス語のアクセントは、単語ごとに決まっているのではなく、「意味のかたまりの最後の音」につけます。そのため、Pénélope［ペ ネ ロップ］ならば「ロップ」を、p.17のenchantée［アン シャン テ］ならば「テ」を、一番強く発音します。これもマネする時に意識してみましょう。

## ❸《r》の時の舌先の位置に注意！

単語の最後に発音される《r》の音はカタカナの「ル」とは似ていないため、bonjour［ボン ジューr］のように、そのふりがなだけはカタカナではなく《r》を使用しています。この《r》は、ノドの奥を盛り上げ、空気の通り道が狭まることで出る、かすれたような音です。うまく発音するためのポイントは、日本語のラ行とは異なり、舌先を浮かせず、下前歯の裏につけたままにすることです。まずはこれだけ気をつけてマネしてください。

# 読みがなとつづり

さらに、読みがなとつづりを見比べると、「このつづりなのにこう読むの？」と思うところもあることでしょう。特に気になりがちな3点を説明します。

## ❶複数の文字で1つの音になるつづりがあります！

p.50のJ'aime beaucoup［ジェムボク］は、aiが［エ］、eauが［オ］、ouが［ウ］と発音されます。このように複数の文字で1つの音になるつづりも多いので、カタカナの音の数を意識してマネをしましょう。

## ❷読まない文字に注意！

フランス語には、「読まない文字」が少なからずあります。まず、《 h 》は絶対に読みません（p.45）。また、Salut !［サリュ］（p.18）の最後のtなど、単語末の子音字は基本的に読みません（bonjourのrなど、読むものもあります）。

《 e 》は、Merci［メルシ］（p.23）のように読むこともあれば、Bienvenue !［ビヤン ヴニュ］（p.24）の真ん中と最後の《 e 》や、Pénélopeやenchantéeの最後のように、場所によって読まないことがあるので注意が必要です（逆に、éやè、êは、必ず［エ］と読みます）。

## ❸単語をつなげて読むこともあります！

C'est qui ?［セキ］（p.94）とC'est à qui ?［セタキ］（p.95）を見比べると、C'est qui ?のtは読んでいないのに対し、C'est à qui ?のtは読んでいるようです。これは、次に母音字で始まる単語がくると、前の単語の読まない子音字と続けて読む「リエゾン」が起こるからです。

また、p.45のJ'habite en France.は、J'habiteだけでは［ジャビット］、enは［アン］と読みますが、つなげると［ジャビッタン フラーンス］となります。このようなつなげ方を「アンシェヌマン」といいます。

# さくいん

## ●著者紹介

### アテネ・フランセ

1913 年創立。フランス語を中心として英語・古典ギリシャ語・ラテン語で常時 180 余りの講座を設けている語学学校の老舗。谷崎潤一郎、坂口安吾、きだみのるなど、多くの文化人を輩出する。

### 伊藤敬佑　Keisuke Ito

フランス児童文学研究者。白百合女子大学・跡見女子大学非常勤講師、アテネ・フランセ講師。第 7 回日本児童文学者協会評論新人賞。著作活動として『絵本から学ぶ子どもの文化』（同文書院、分担執筆）、『子ども観のグローバル・ヒストリー』（原書房、共編著）、『世界こども学大事典』（原書房、日本語版編集委員）。

| | | |
|---|---|---|
| カバーデザイン | キガミッツ | |
| 本文デザイン / DTP | トライアングル（広瀬エミ / 佐々木利光） | |
| 協力 | 日本アニメーション | |
| 音声録音・編集 | 一般財団法人 英語教育協議会（ELEC） | |
| ナレーション | Amandine Zoli / Frédéric Perrouin | |
| | 都さゆり | |
| 編集協力 | 田中晴美 | |
| 校正 | 木村沙夜香 | |

★フランス語のナレーションを担当したアテネ・フランセ講師のお二人

ゾリ先生

ペルワン先生

## うっかりペネロペ
### Pénélope tête en l'air

楽しく ❤ かんたん
# フランス語会話
すぐに使えるひとことフレーズ 120

令和5年（2023年）3月10日　初版第1刷発行
令和5年（2023年）6月10日　　第2刷発行

| | |
|---|---|
| 著者 | アテネ・フランセ（伊藤敬佑 著） |
| 発行人 | 福田富与 |
| 発行所 | 有限会社Jリサーチ出版 |
| | 〒166-0002　東京都杉並区高円寺北2-29-14-705 |
| | 電　話　03（6808）8801（代）　FAX 03（5364）5310 |
| | 編集部　03（6808）8806 |
| | https://www.jresearch.co.jp |
| 印刷所 | 株式会社 シナノ パブリッシング プレス |

ISBN 978-4-86392-588-5
禁無断転載。なお、乱丁・落丁はお取り替えいたします。
ⓒうっかりペネロペ製作委員会
ⓒKeisuke Ito, All rights reserved.